D1717848

IT-Service-Management mit ITIL® V3

Roland Böttcher lehrt Unternehmensführung und IT-Management an der Hochschule Bochum. Er ist Gründer und Leiter des »institute for stakeholder communication« (i4sc), das sich auf Umfragen zur Kundenzufriedenheit im IT-Umfeld spezialisiert hat. Vor seiner Berufung an die Hochschule war er in leitender Position bei einem führenden IT-Service-Provider beschäftigt und als freiberuflicher IT-Consultant tätig.

Roland Böttcher

IT-Service-Management mit ITIL® V3

Einführung, Zusammenfassung und Übersicht der elementaren Empfehlungen

2., aktualisierte Auflage

 Heise

Roland Böttcher
roland.boettcher@fh-bochum.de

Lektorat: Dr. Michael Barabas
Copy-Editing: Anette Schwarz, Ditzingen
Herstellung: Frank Heidt
Umschlaggestaltung: Helmut Kraus, www.exclam.de
Druck und Bindung: MediaPrint, Paderborn

Bibliografische Information der Deutschen Nationalbibliothek
Die Deutsche Nationalbibliothek verzeichnet diese Publikation in der Deutschen Nationalbibliografie;
detaillierte bibliografische Daten sind im Internet über http://dnb.d-nb.de abrufbar.

ISBN 978-3-936931-58-7

2. aktualisierte Auflage 2010
Copyright © 2010 Heise Zeitschriften Verlag GmbH & Co KG, Hannover

für Marion
und Saraphina, Anysia, Joshua und Imeyen

Inhaltsverzeichnis

Vorwort

Der bewährte Prozessstandard für das IT-Service-Management ITIL ist Mitte 2007 in der Version 3 im Auftrag des britischen Office of Government Commerce (OGC) veröffentlicht worden.[1] In ungeduldiger Erwartung wurden bereits die Vorankündigungen eifrig in den einschlägigen Medien kommentiert. Aufgrund der Bedeutung, die ITIL mittlerweile erlangt hat, stellt sich für jeden Manager, der im IT-Service-Management tätig ist, die Frage: *Was ist neu?*

Das vorliegende Buch richtet sich an diese Zielgruppe und gibt einen Überblick über das ITIL-Framework in seiner aktuellen Fassung, das in Form von fünf umfangreichen Büchern vorgelegt wurde. Allein aufgrund des Umfangs geht ein Überblick zwangsläufig mit einer Auswahl einher. In diesem Zusammenhang finden sich als Ergebnis die ITIL Best Practices, die aus Sicht des Verfassers relevant sind.

Basis des bisherigen Erfolgs ist und bleibt die operative Relevanz der Empfehlungen, und zwar von der kleinen IT-Abteilung mit wenigen Mitarbeitern bis hin zum externen Service Provider, der Tausende von Servern und PCs betreibt. Für beide sind eine strukturierte Störungsbearbeitung oder ein definierter Genehmigungsprozess bei wesentlichen Veränderungen gleichermaßen wichtig für die operative Effizienz. In diesem Zusammenhang ist es kein Zufall, dass sich die beiden Bücher »Service Delivery« und »Service Support« als der eigentliche Kern der Version 2 in der Branche durchgesetzt haben und sich die Bekanntheit von ITIL im Wesentlichen auf deren Inhalte beschränkt.

Die OGC hat für die neue Version Experten von namhaften Service Providern beauftragt und Verfasserteams gebildet, die – nach Rücksprache mit Experten – aus ihrer Sicht dokumentiert haben, was

---

1. ITIL® is a registered Trade Mark, and a Registered Community Trade Mark of the Office of Government Commerce, and is registered in the U.S. Patent and Trademark Office.

sie zurzeit in der IT-Service-Management-Branche als Best Practices erachten. Die bekannten Prozesse wurden inhaltlich aktualisiert, um neue Prozesse ergänzt und durch die zugrunde gelegte Lebenszyklusbetrachtung in einen völlig neuen Zusammenhang gestellt.

Leider sind die Autoren nicht dem Weg gefolgt, den etablierten Kern darüber hinaus zu vertiefen und zu operationalisieren, um für konzeptionelle Klarheit und Eindeutigkeit der Handlungsempfehlungen zu vergleichbaren Standards wie CObIT 4.0 oder Prince2 zu gelangen. Stattdessen gehen die Empfehlungen der neuen Version 3 tendenziell in die Breite, nicht zuletzt durch den Versuch, die bisher wenig beachteten Inhalte der Version 2 stärker in den Fokus zu rücken. Im Ergebnis liegen Empfehlungen im Umfang von weit über 1.000 Seiten vor, die ITIL als einen Standard nur schwer anwendbar machen.

Vor diesem Hintergrund zielt das vorliegende Buch darauf ab, dem Leser eine komprimierte Übersicht zu geben, ohne dass der Verfasser dabei den Anspruch auf Vollständigkeit erhebt.

1 Einführung

1.1 IT-Service-Management mit ITIL

ITIL steht für »Information Technology Infrastructure Library« und stellt eine neutrale Best-Practices-Sammlung[1] dar, die seit 1989 in Form eines Leitfadens für das IT-Service-Management im Auftrag einer britischen Regierungsstelle, der Central Computer and Telecommunications Agency (CCTA), entwickelt und gepflegt wurde. In den 1990er-Jahren setzte sich der Leitfaden als Grundlage für die wirtschaftliche und zweckmäßige Erbringung von IT-Dienstleistungen auch international mehr und mehr durch. Zwischen 1999 und 2006 wurden wesentliche Inhalte nach und nach überarbeitet und in Gestalt von insgesamt elf Büchern als Version 2 veröffentlicht. Diese betreffen die Themen: Einführung, Service Support, Service Delivery, Implementierung, Security, ICT-Infrastruktur, Business-Perspektiven, Applikationsmanagement, Software Asset Management sowie einen Leitfaden für kleine und mittlere Unternehmen.

Der historische Hintergrund von ITIL

Die Bücher der Version 2 enthalten eine Vielzahl von hilfreichen Empfehlungen, die jedoch aufgrund der vielen Autoren und der sukzessiven Veröffentlichungsreihenfolge eher lose nebeneinander stehen und inhaltlich sowie formal nicht aufeinander abgestimmt sind. In der Praxis haben sich nur »Service Support« und »Service Delivery« als der eigentliche Kern von ITIL durchgesetzt. Die beiden Bände haben sich zu einem technologie- und anbieterunabhängigen De-facto-Stan-

Service Support und Service Delivery als Kern der Version 2

---

1. Eine Konsequenz der Globalisierung, die auch vor der IT nicht haltgemacht hat, ist die stetig zunehmende Verwendung von Anglizismen. Auch die vorliegende Publikation macht hier keine Ausnahme. Der Verfasser hat sich gegen eine durchgehende Übersetzung der IT-Fachbegriffe in die deutsche Sprache entschieden. In der IT-Branche, und das ist die Zielgruppe dieses Buches, wird nun mal nicht von der »besten Methodensammlung« gesprochen, sondern von Best Practices. Da sich die englischen ITIL-Fachbegriffe und Prozessbezeichnungen in der IT-Branche eingebürgert haben, wurden sie beibehalten.

dard für interne und externe IT-Service-Provider entwickelt. Im Juni 2007 wurde von der Nachfolgeorganisation der oben genannten Regierungsstelle, der OGC, die Version 3 herausgebracht.[2]

Zielsetzung von Version 3

Zielsetzung der neuen Fassung war insbesondere, die Kompatibilität mit der IT-Service-Management-Norm ISO 20000 sicherzustellen, die einen strategischen Planungsprozess zur Verzahnung von IT-Service-Management mit der Unternehmensstrategie fordert. Diesem Aspekt ist gerade nach dem Jahr 2000 eine erhebliche Aufmerksamkeit zuteilgeworden. Im dem, was sich als De-facto-Standard durchsetzte, waren diese Inhalte allerdings nicht ausreichend herausgearbeitet worden, da sich zwei andere Bücher dediziert mit diesem Thema befassten, die jedoch kaum Beachtung fanden.

60 % bewährte Inhalte

ITIL Refresh, wie die neueste Fassung der Best-Practices-Sammlung häufig bezeichnet wird, ist keine Neuentwicklung. Nach Schätzung des Verfasserteams, das sich aus international anerkannten Experten im IT-Service-Management zusammensetzt, sind etwa 60 % der Inhalte aus Version 2 übernommen worden. Allerdings wurden die bewährten und einige neue Prozesse durch ein neues Prozessmodell, das sich an die Lebenszyklusphasen von IT-Services anlehnt, vollkommen neu gegliedert (siehe Abb. 1–1).

Abb. 1–1
Das ITIL-V3-Service-Lebenszyklus-Modell

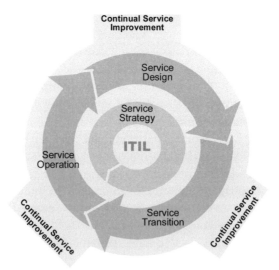

Im Idealfall entspringt die Entwicklung eines neuen IT-Service einer klar formulierten Servicestrategie, gefolgt von einer strukturierten Konzeptions- (Service Design) und Implementierungsphase (Service

2. für eine detaillierten Darstellung des Hintergrunds siehe Dierlamm (2007)

Transition). Nach Einführung in den operativen Betrieb (Service Operation) greift ein Qualitätsmanagement, das auf die kontinuierliche Verbesserung des IT-Service gerichtet ist (Continual Service Improvement). Der Kern von ITIL V3 umfasst insgesamt die folgenden fünf Hauptbücher:[3]

Service Strategy (SS)
Der Band richtet sich an CIOs (Chief Information Officer) und fokussiert auf die strategische Einordnung von IT-Services und auf die engere Verzahnung (Integration) von IT-Strategie und Geschäftsstrategie. Inhaltliche Schwerpunkte sind Business Integration, Strategieentwicklung, Serviceportfolio-Management und Financial Management.

Service Design (SD)
In diesem Buch sind die Prozesse zusammengefasst, die für die Entwicklung von Servicelösungen und bei der Gestaltung von Service-Management-Prozessen eine besondere Rolle spielen. Inhaltliche Schwerpunkte sind Service Level Management, Capacity Management, Availability Management, Continuity Management, Security Management sowie Supplier Management.

Service Transition (ST)
Dieses Buch befasst sich mit Prozessen und Methoden zur Planung und Implementierung von neuen oder geänderten IT-Services. Ziel ist es, Veränderungen mit minimalem Risiko und möglichst geringer Beeinträchtigung des Geschäftsbetriebs umzusetzen. Inhaltliche Schwerpunkte sind das Change Management, das Release Management sowie das Configuration Management.

Service Operation (SO)
Dieser Band behandelt Prozesse, die für die Effizienz und Effektivität des operativen IT-Managements von Bedeutung sind. Dabei steht die Ausgestaltung der Schnittstelle zu Kunden und Nutzern im Vordergrund. Inhaltlicher Schwerpunkt sind das Incident Management, das Problem Management sowie die neuen Prozesse Service Request Management, Event Management und Access Management, die methodisch aus dem Incident Management der Version 2 herausgelöst und nun als eigenständige Prozesse konzipiert wurden.

Continual Service Improvement (CSI)
Der fünfte und letzte Band ist der systematischen Verbesserung der Servicequalität gewidmet und integriert erstmals wesentliche

---

3.   siehe Literaturverzeichnis

Erkenntnisse des Dienstleistungs- und Qualitätsmanagements in das Best-Practices-Regelwerk. Inhaltliche Schwerpunkte sind der siebenstufige Verbesserungsprozess sowie Hinweise für die Durchführung von Prozessaudits.

Übersicht der Neuerungen von Version 3

Zusammenfassend zeichnet sich die Version 3 durch folgende Neuerungen aus:

- konsequente Ausrichtung aller IT-Prozesse auf Geschäftsanforderungen
- strategische Verankerung des IT-Service-Managements
- Leitgedanke, die IT als ein eigenes Geschäft zu betreiben
- dynamische Perspektive auf IT-Services von der Entwicklung bis zur Einstellung
- durchgehende Qualitätsorientierung
- höhere Konsistenz der Empfehlungen durch das zugrunde liegende Service-Lebenszyklusmodell
- Integration von flexiblen Wertschöpfungsmodellen, insbesondere Outsourcing

Es wird deutlich, dass die Version 3 – neben der Aktualisierung relevanter Inhalte – in erster Linie auf die Integration der bisher weniger wahrgenommenen Inhalte in einem übergeordneten Ansatz abzielt, um die Lücke zu konkurrierenden Ansätzen – allen voran CObIT (vgl. auch Abschnitt 6.2) – zu schließen.

Der in der IT bewährten Logik des Plan–Build–Run folgend wurden alle Prozesse einem vollständigen Service-Lebenszyklus – von der Entwicklung über die Einführung bis zum Betrieb – zugeordnet und in einem kontinuierlichen Verbesserungsprozess eingebettet. Der Wechsel von einer statischen Prozessbetrachtung hin zu einem übergreifenden Lebenszyklusmodell stellt sicherlich eine wichtige Weiterentwicklung von ITIL dar. Gleichwohl ist die 1:1-Zuordnung der ITIL-V2-Prozesse auf die Phasen des Lebenszyklus zu bemängeln. Unverständlich bleibt, warum der Prozess Financial Management auf die Formulierung einer Servicestrategie beschränkt werden soll oder warum das Service Level Management nur während der Gestaltungsphase von Services von Bedeutung ist. Abweichend von der Stringenz in der Prozesszuordnung, die das ITIL-Lebenszyklusmodell vermittelt, bedarf eine Reihe von Prozessen in verschiedenen Phasen der Beachtung.

Das Hauptanliegen des vorliegenden Buches ist die übersichtliche Darstellung der wesentlichen Inhalte des ITIL-Standards. Dabei bilden diejenigen ITIL-Prozesse, die den Kern der Good-Practices-Sammlung ausmachen, den Schwerpunkt.[4] Bevor die Inhalte im Detail vorgestellt werden, sind einige begriffliche Klärungen sinnvoll und notwendig. Sie helfen beim Verstehen der folgenden Ausführungen und seien auch dem ungeduldigen Leser dringend empfohlen.

Ziel dieses Buches ist die Darstellung der wesentlichen Inhalte des ITIL-Standards.

---

4.   Der Umfang der fünf Kernbücher ist erheblich. Jeder Band umfasst mehr als 200 Seiten, die in einem ganzseitigen Format zweispaltig gedruckt sind. Die vorliegende Übersicht erhebt den Anspruch, einen kompakten Überblick über die wesentlichen Inhalte der neuen ITIL-Version 3 zu geben. Die dafür notwendige Auswahl der Inhalte orientiert sich am Grundsatz: IT-spezifische Inhalte vor Aussagen aus anderen etablierten Managementdisziplinen, die bereits an anderer Stelle ausreichend dokumentiert sind. Die Auswahl der Inhalte stützt sich demnach auf die zwangsläufig subjektive Perspektive des Verfassers. Zur Erhöhung der Lesbarkeit wurde bewusst auf eine wissenschaftlich exakte Zitierweise verzichtet. In diesem Zusammenhang sei auch auf das Literaturverzeichnis verwiesen.

1.2 Begriffliche Grundlagen

Um Missverständnisse zu vermeiden, sollen zunächst eine Reihe von Begriffen erläutert werden, die innerhalb dieses Themenkomplexes häufig – aber auch teilweise sehr unterschiedlich – benutzt werden.

1.2.1 Funktionen und Prozesse

ITIL unterscheidet strikt zwischen Prozessen, d. h. Aktivitäten, die in einer bestimmten Abfolge zu einem definierten Ergebnis führen, und Funktionen, die Zuständigkeiten in der Organisation kennzeichnen.

Spezialisierte Organisationseinheiten

Funktionen werden durch spezialisierte Organisationseinheiten abgebildet, welche in der Regel eigenständig über die notwendigen Ressourcen disponieren, die zur Erfüllung der zugewiesenen Aufgaben erforderlich sind (*z. B. ein Rechenzentrum*). Funktionen definieren sich durch spezialisierte Kenntnisse und Erfahrungen. Typischerweise werden Aufgaben, Entscheidungskompetenzen und Verantwortlichkeiten festgelegt, die für eine effektive Funktionsausübung erforderlich sind.

Kombination von definierten Aktivitäten

Prozesse hingegen lassen sich als geschlossene Systeme auffassen, in denen die Kombination von definierten Aktivitäten zu einem beabsichtigten Prozessergebnis führt (*z. B. die Einrichtung eines Arbeitsplatzsystems*). Die Leistung von Prozessen lässt sich messen (*beispielsweise die Dauer oder der Aufwand*). Die Prozesseffizienz ergibt sich durch den Vergleich des Prozessergebnisses mit dem Prozessziel. Zur Verbesserung der Prozesseffizienz ist eine Veränderung der Prozessaktivitäten erforderlich (Regelkreis). Prozesse werden durch definierte Ereignisse angestoßen (*z. B. durch einen Service Request für ein Arbeitsplatzsystem*) und haben Kunden (Akteure), die auf das Prozessergebnis angewiesen sind.

Abb. 1–2
Generisches Prozessmodell (Quelle: OGC: Service Strategy (2007), S. 26)

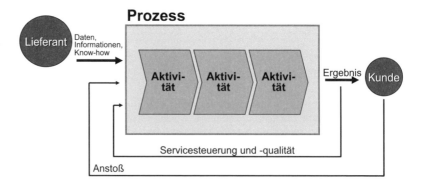

1.2.2   Rolle

Aufgaben werden innerhalb von ITIL-Prozessbeschreibungen nicht organisatorischen Funktionsträgern zugeordnet, die in einem Organigramm zu sehen wären, sondern als Rollen definiert. Eine Rolle, die für bestimmte Aufgaben verantwortlich zeichnet, kann daher von vielen Mitarbeitern oder nur durch einen Mitarbeiter wahrgenommen werden, der diese Rolle lediglich für kurze Zeit innehat und ansonsten mit anderen Aufgaben und Rollen betraut ist. Je nach Ausprägung der IT-Organisation sind einige Rollen in organisatorisch definierten Einheiten verankert, in anderen Fällen werden verschiedene Rollen auch durch ein und dieselbe Person wahrgenommen. Wichtig ist allein, dass die mit der Rolle verbundenen Aufgaben und Verantwortlichkeiten klar definiert und zugeordnet sind.

Die Wahrnehmung einer Rolle ist flexibel.

Als Standardrolle sieht ITIL für jeden Prozess beispielsweise einen Prozessmanager vor, der die Verantwortung für die Prozessgestaltung und -weiterentwicklung sowie für die effiziente Umsetzung trägt (d.h. Change Manager, Release Manager, Capacity Manager, Financial Manager usw.). Die Rollenbeschreibungen von Prozessmanagern decken sich weitestgehend mit den Aufgabenbeschreibungen der korrespondierenden Prozesse, weshalb in der vorliegenden Übersicht auf eine redundante Darstellung verzichtet wurde.

Rolle des Prozessmanagers

Die operative Umsetzung von einzelnen Service-Management-Aufgaben und die eigentliche Produktion von IT-Services wird von Servicetechnikern wahrgenommen (*z.B. Incident Management oder Systemadministration*), die dem technischen Management zugeordnet sind (siehe Abschnitt 5.1.3).

Der Begriff des Service Managers wird – wie in der Praxis auch – in den fünf Büchern sehr uneinheitlich verwendet. Hier finden sich Aufgaben, die das Management eines IT-Service über seinen Lebenszyklus (im Sinne eines Produktmanagements) umfassen, aber ebenso das Beziehungsmanagement zum Kunden (im Sinne des Service Level Managers oder eines Account Managers, der zusätzlich noch »vertriebliche« Aufgaben hat) zum Inhalt haben.

Rolle des Service Managers

1.2.3   Geschäftsprozesse

Geschäftsprozesse sind diejenigen Prozesse, die zur Produktion des Geschäftsergebnisses erforderlich sind, d.h. derjenigen Produkte und Dienstleistungen, die das Unternehmen am Markt anbietet. Geschäftsprozesse sind Teil der Ablauforganisation. Wertschöpfung entsteht durch den steten Durchlauf von Geschäftsprozessen (*z.B. der Montage eines Fahrzeugs*). Die Geschäftsprozessaktivitäten werden in der Regel

Durch Geschäftsprozesse entsteht Wertschöpfung.

durch spezialisierte Organisationseinheiten (*z.B. Logistik, Fertigung, Arbeitsvorbereitung oder Qualitätssicherung*) gesteuert. Durch eine prozessorientierte Schnittstellenkoordination muss sichergestellt werden, dass die Prozesseffizienz nicht durch funktionale Silos beeinträchtigt wird. Häufig wird hierfür die Rolle eines prozessverantwortlichen Managers definiert.

1.2.4   IT

Funktion des Informationsmanagements

Der Begriff »IT« steht für Informationstechnologie, wird jedoch in einem sehr allgemeingültigen Sinn verwendet. Aufgrund der in der Vergangenheit rasant gestiegenen Bedeutung finden sich fast in jeder Organisation eine oder mehrere Einheiten, die funktional für die Wahrnehmung der mit Informationsmanagement verbundenen Aufgaben verantwortlich sind. Ganz allgemein lassen sich diese mit

- der Beschaffung und dem Betrieb von Datenverarbeitungsanlagen (IT-Systemen) und
- der Beschaffung/Realisierung und Wartung von notwendigen Softwareprogrammen einschließlich der Anpassung an die Anforderungen von Geschäftsprozessen

umschreiben. Die IT kennzeichnet also die Funktion und die organisatorische Verankerung des Informationsmanagements.

1.2.5   IT-Infrastruktur

Die Summe aller Komponenten, die innerhalb der IT benutzt, produziert und betreut werden (*z.B. Programme, Rechner, Netzwerke, Handbücher u.Ä.*), werden im Rahmen dieses Buches als IT-Infrastruktur bezeichnet. Synonym mit dem Begriff IT-Komponente wird der ITIL-Begriff Configuration Item (CI) benutzt.

1.2.6   Asset

Die Assets eines Service Providers umfassen alle Ressourcen und Fähigkeiten, die zur Erbringung eines Service beitragen können. Assets können folgende Typen einschließen: Management, Organisation, Prozess, Wissen, Mitarbeiter, Informationen, Anwendungen, Infrastruktur sowie finanzielles Kapital.

1.2.7   IT-Service

Ein Service ist eine Dienstleistung, die für den Servicenutzer (Service-empfänger) erbracht wird. Für ihn entsteht ein Nutzwert, weil ein Service Provider (Dienstleister) die zur Leistungserbringung notwendigen Betriebsmittel sowie das notwendige Know-how vorhält (einschließlich der damit verbundenen Kosten und Risiken).[5] Der Servicenutzer zieht seinen Vorteil aus dem Serviceergebnis, ohne – abgesehen von unverzichtbaren Mitwirkungsleistungen – maßgeblich in den Service-erstellungsprozess eingebunden zu sein.

Ein grundsätzliches Wesensmerkmal von Services ist, dass Produktion und Nutzung (im Sinne des Konsums oder Aufbrauchens) zeitlich zwangsläufig zusammenfallen. Services sind immateriell und lassen sich nicht lagern. Auf Basis dieser Definition von Service verstehen sich IT-Services als Dienstleistungen, die den Nutzern der IT-Infrastruktur zur Verfügung stehen (*z.B. Vergabe und Freischaltung einer E-Mail-Adresse*).

Produktion und Verbrauch fallen zeitlich zusammen.

1.2.8   IT-Service-Management

Das IT-Service-Management stellt mit prozessorientierten Verfahren die Planung, Bereitstellung, Überprüfung und Optimierung von IT-Leistungen (= IT-Services) sicher, die die Geschäftsprozesse des Kunden unterstützen. Das IT-Service-Management umfasst damit alle Aktivitäten, die notwendig sind, damit der Serviceempfänger einen maximalen Nutzen aus dem IT-Service ziehen kann. Dies schließt in der Regel die operativen Prozesse der Leistungserbringung nicht mit ein, sondern bezieht sich lediglich auf deren Steuerung. Das IT-Service-Management nimmt eine Schnittstellenfunktion zwischen den Kunden und den Leistungserbringern wahr.

1.2.9   IT-Organisation

Mit IT-Organisation wird die organisatorische Verankerung der IT-Funktion umschrieben. Im Rahmen dieses Buches wird synonym der Begriff Service Provider verwendet. ITIL unterscheidet drei Typen von Service Providern:

Typen von Service Providern

1. Interne Service Provider verantworten das IT-Service-Management als funktionale Abteilung eines Geschäftsbereichs oder eines Ein-Produkt-Unternehmens in der Regel als Cost Center.

---

5.   für eine ausführliche Diskussion und Definition vgl. Huppertz (2006)

2. Shared Service Provider verantworten das IT-Service-Management als Zentraleinheit für das Gesamtunternehmen und bedienen verschiedene Geschäftsbereiche. Die Verrechnung der Kosten geschieht entweder durch eine verursachungsgerechte Umlage der Kosten oder durch die Verrechnung von internen Preisen, die mit Marktpreisen vergleichbar sind (Benchmark).
3. Externe Service Provider bieten einzelne IT-Services oder den Betrieb der gesamten IT-Infrastruktur (Outsourcing) auf Basis von Marktpreisen an.

Eine grundlegende Neuerung der Version 3 besteht in der Prämisse, die IT-Organisation oder den Service Provider konzeptionell – also ganz unabhängig von den aufgeführten Erscheinungsformen – als eigenverantwortliche Geschäftseinheit zu betrachten. Ergebnis dieses Leitgedankens ist, dass der Service Provider Kunden bedient, die anforderungsgerechte IT-Services formal beauftragen und nach Inanspruchnahme den vereinbarten Preis berechnet bekommen. Der Service Provider hat die gelieferte Leistung qualitativ und die resultierenden Kosten wirtschaftlich zu verantworten.

1.2.10   Serviceauftraggeber/Fachabteilung

Abb. 1–3
Rollenkonzept zwischen IT-Organisation und Fachabteilung

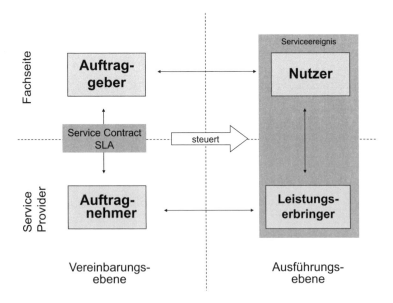

Die IT-Organisation wird im Auftrag tätig. Die verschiedenen Organisationseinheiten eines Unternehmens haben zum Teil identische, zum Teil jedoch auch sehr unterschiedliche Anforderungen an die IT. Ein wesentlicher konzeptioneller Gedanke von

ITIL ist, dass IT kein Selbstzweck ist, sondern anforderungsgerecht »im Auftrag« tätig wird. Daraus leitet sich die Rolle des Serviceauftraggebers ab (siehe Abb. 1–3).

Der Serviceauftraggeber ist der »Vertragspartner« für die IT-Abteilung. Er ist Repräsentant einer Fachabteilung (eines Geschäftsprozesses, eines Geschäftsbereichs, der Geschäftsleitung usw.) und stimmt in dieser Funktion die Geschäftsanforderungen sowie daraus abgeleitete Leistungsspezifikationen und -konditionen mit den Vertretern der IT-Organisation ab. Der Serviceauftraggeber beauftragt IT-Services stellvertretend für die Nutzer, die er vertritt. Dabei ist es durchaus möglich, dass Nutzer die beauftragten Services erst später im Bedarfsfall abrufen. Von Bedeutung ist, dass die Nutzerrolle auf den Abruf und die Inanspruchnahme von IT-Services beschränkt ist und keine Vereinbarungen umfasst. Demzufolge wird der Serviceauftraggeber im Rahmen dieses Buches auch synonym als Kunde bezeichnet, da er der Entscheider für den Bezug des IT-Service ist. Im Ergebnis muss auf der Fachseite konzeptionell zwischen dem Auftraggeber (Entscheider) und dem Nutzer (Konsument) unterschieden werden.

Unterscheidung zwischen Entscheider und Nutzer

Eine analoge Aufteilung von Rollen findet sich auf der Seite des Service Providers. Auch hier ist zwischen dem Auftragnehmer, der als Gegenüber des Serviceauftraggebers die Vereinbarung über Art und Umfang des IT-Service abschließt (*z. B. IT-Leiter, IT-Vertrieb, Service Level Management*), und dem Leistungserbringer (technisches Management), der die Leistungen produziert, zu unterscheiden.

Durch die Unterscheidung der vier Rollen wird deutlich, dass Service- und Kundenorientierung als Zielgröße des Service Providers nicht eindeutig sind, da die Bestimmungsfaktoren der Zufriedenheit für Nutzer und Serviceauftraggeber verschieden sein können (*z. B. schätzen Nutzer Flexibilität; Serviceauftraggeber dagegen schätzen Standardisierung, da diese im Allgemeinen zu günstigeren Einkaufspreisen führt*).

Kundenorientierung als Zielgröße ist nicht immer eindeutig!

Typischerweise wird der Serviceauftraggeber nicht die Erwartungen aller Nutzer, die zudem häufig sehr unterschiedlich sind, berücksichtigen. Maßgeblich für den Leistungsumfang des Service Providers sind demnach nicht die Erwartungen der Nutzer, sondern die Vereinbarungen mit dem Serviceauftraggeber (»Servicevertrag«). Der Service Provider leitet daraus ab, was zu tun ist, und stellt durch Anweisungen (Prozesse) intern sicher, dass IT-Services vereinbarungsgemäß erbracht werden.

Da die Parteien der Vereinbarungsebene in das eigentliche Serviceereignis gar nicht involviert sind, steuert die Vereinbarung (Servicevertrag) damit den eigentlichen Serviceprozess.

Gliederung des Buches

Die nun folgende Darstellung der Inhalte der fünf ITIL-Bücher[6] (diese werden im Folgenden auch als Module bezeichnet) folgt dem Service-Lebenszyklusmodell und beginnt mit Service Strategy (Kapitel 2), gefolgt von Service Design (Kapitel 3), Service Transition (Kapitel 4) und Service Operation (Kapitel 5). Den Abschluss bildet Continual Service Improvement (Kapitel 6). Diese fünf Kapitel des Buches können allerdings auch problemlos in einer beliebigen Reihenfolge gelesen werden.

Die Prozessbeschrei-bungen folgen einer einheitlichen Gliederung.

Die Beschreibung der Prozesse über die verschiedenen Module hinweg erfolgt weitestgehend (d.h. für Service Operation, Service Transition und Service Design) nach einer einheitlichen Gliederung. Zur Übersicht werden jeweils zu Beginn wesentliche Prozessmerkmale tabellarisch zusammengefasst. Die eigentliche Beschreibung der Prozessinhalte beginnt mit den Zielen des Prozesses, gefolgt von einer detaillierten Beschreibung der Prozessaktivitäten. Im Anschluss werden Steuerungsaspekte des Prozesses besprochen und Prozesskennzahlen (Key Performance Indicators, KPIs) vorgeschlagen. Den Abschluss bilden jeweils Hinweise und Empfehlungen zur erfolgreichen Umsetzung des Prozesses.

---

6.   Den Schwerpunkt dieses Buches bilden Service Operation, Service Transition und Service Design. Die verbleibenden Bücher Service Strategy und Continual Service Improvement (CSI) werden lediglich in Grundzügen dargestellt.

2 Service Strategy

Abb. 2–1

*Service Strategy im
Zentrum des
IT-Service-Lifecycles*

Es gibt Services für Strategien (hier IT-Services, die selbst Wettbe-
werbsvorteile darstellen oder die Entstehung anderer Wettbewerbsvor-
teile maßgeblich unterstützen) und Strategien für Services. Letztere
sind der Schwerpunkt des vorliegenden Kapitels.[1] Die Formulierung
von Strategien für IT-Services unterscheidet sich nicht grundsätzlich
von der Strategieformulierung in anderen Funktions- oder Supportbe-
reichen. Vision und strategische Ziele leiten sich aus der Umfeldana-
lyse ab und sind Ausgangspunkt für die eigentliche Strategieformulie-

*Serviceportfolio als
Ergebnis der Strategie*

---

1. Das ITIL-Kernbuch »Service Strategy« enthält viele Aussagen mit theoretischem
    Hintergrund. Die hier wiedergegebenen Inhalte beschränken sich auf diejenigen
    Themen, die nach Ansicht des Verfassers für die praktische Umsetzung von Bedeu-
    tung sind. Dem interessierten Leser wird zur Vertiefung des Themenkomplexes
    »Strategisches IT-Management« von Buchta et al. (2005) und Pietsch et al. (2004)
    empfohlen.

rung. Strategiealternativen resultieren aus einem Analyseprozess, in dem Ursache-Wirkung-Zusammenhänge und Erfolgsfaktoren identifiziert und abgeglichen werden. Als Resultat ergibt sich das Serviceportfolio, welches über Service Design konzipiert, über Service Transition umgesetzt und über Service Operation realisiert wird. Messbare Zielwerte dienen dem Qualitätsmanagement zur Identifikation von Optimierungspotenzialen über den gesamten Prozess (siehe Abb. 2–2) hinweg.

Abb. 2–2

*Der generische
IT-Strategy-Prozess*

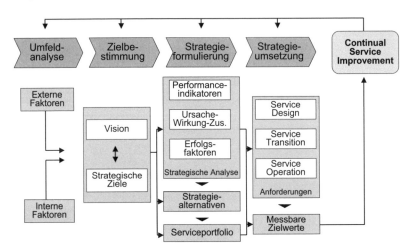

Aufgrund seines generischen Charakters wird im Rahmen dieses Buches darauf verzichtet, den strategischen Prozess vollständig und ausführlich zu beschreiben. Hier wird daher selektiv auf Aspekte eingegangen, die für die folgenden Ausführungen relevant sind. Dabei handelt es sich zunächst um inhaltliche Aspekte der Serviceorientierung und der besseren Verzahnung von IT-Services mit den Anforderungen der Geschäftsprozesse (**Business Integration**, Abschnitt 2.1). Anschließend wird ein Überblick über den **Strategieentwicklungsprozess** gegeben (Abschnitt 2.2). Inhaltlich konkretisiert sich die Strategie durch das **Serviceportfolio**, das der Service Provider zur Verfügung stellt. Das Serviceportfolio-Management wird in Abschnitt 2.3 vorgestellt. Im Rahmen des **Financial Management** (Abschnitt 2.4) werden notwendige Grundlagen beschrieben, die für die strategische und operative Steuerung von Bedeutung sind.

2.1   Business Integration

Eine perspektivische Erweiterung von ITIL V3 ist der stärkere Augenmerk auf Business Integration. Die Gestaltung von IT-Services darf sich nicht länger ausschließlich an technischen Aspekten der Servicebereitstellung orientieren, sondern muss an den Einflussfaktoren der anforderungsgerechten Nutzung von Serviceleistungen ausgerichtet sein. Die plakative Botschaft von Serviceexperten in diesem Zusammenhang lautet: »**Kunden wollen keine Bohrer, sie wollen Löcher.**«[2]

Integration von IT-Services in Geschäftsprozesse

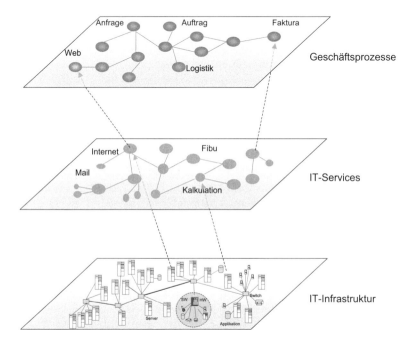

Abb. 2–3
Betrachtungsebenen des IT-Managements

IT-Service-Provider müssen Services in die Geschäftsprozesse ihrer Kunden integrieren, um die technische und wirtschaftliche Machbarkeit abzugleichen. Traditionell hat die IT durch eine zu starke Innenorientierung diese Schnittstelle dominiert. Strukturelle Komplexität, technische Details oder operative Einschränkungen auf der Ebene von Bits und Bytes interessieren Kunden und Nutzer in der Regel nicht. Für die Serviceempfänger kommt es ausschließlich auf das Serviceergebnis an, denn nur daraus ziehen die Serviceempfänger ihren Nutzen. Die verbesserte Ausrichtung an die Bedürfnisse der Serviceempfänger ist gleichbedeutend mit einer höheren Serviceorientierung. In diesem Zusammenhang stellen IT-Services das Bindeglied zwischen der techni-

Serviceempfänger interessieren sich nicht für Bits und Bytes.

---

2.   Dieser Ausspruch wird dem Marketingexperten und Harvard-Professor Theodore Levitt zugeschrieben.

schen IT-Infrastruktur und den betriebswirtschaftlichen Geschäftsprozessen dar (siehe Abb. 2–3).

Nutzwerte für Serviceempfänger schaffen

Die Servicestrategie muss auch die Frage beantworten, welche IT-
Services überhaupt notwendig sind. Services definieren sich allgemein
durch den Nutzwert, den die Empfänger dem Serviceergebnis beimes-
sen. Auf IT-Services angewendet bedeutet dies, Nutzwerte für Nutzer
zu schaffen. Der IT-Service-Provider muss sich mit seiner Servicestrategie also darauf konzentrieren, seine Service Assets zu solchen IT-Services zu konzipieren und bereitzustellen, die in den Augen der Nutzer
(respektive des Serviceauftraggebers) einen Wert darstellen. Aus der
Sicht der Nutzer bestimmt sich der Wert eines Service aus zwei grundsätzlichen Elementen, die sich gegenseitig bedingen: Zweckmäßigkeit
(utility) und Gebrauchstauglichkeit (warranty).

Abb. 2–4
Nutzengenerierung durch IT-Services (OGC: Service Strategy (2007), S. 17)

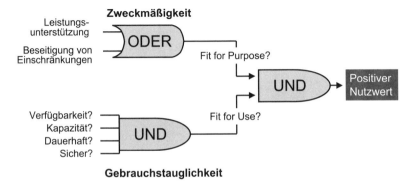

Die **Zweckmäßigkeit** eines Service bestimmt sich durch die Service-
attribute bzw. die Leistungsmerkmale, die erbracht werden, sowie den
Umfang, den sie zur Realisierung des Serviceziels beitragen.

Das Incident Management wird als zweckmäßig wahrgenommen,
wenn eine Störung behoben wird.

Die **Gebrauchstauglichkeit** (Einsatzbereitschaft, Garantie, Gewähr)
eines Service bestimmt sich durch dessen durchgehende und sichere
Verfügbarkeit (Zuverlässigkeit, Qualität, Sicherheit) und ausreichende
Kapazität. Mit anderen Worten: durch seine tatsächliche Nutzbarkeit.

Das Incident Management ist gebrauchstauglich, wenn der Service
Desk im Bedarfsfall schnell und einfach erreichbar ist.

Einflussfaktoren des Nutzwertes von IT-Services

Die Ausrichtung von IT-Services an den Geschäftsprozessen ist gleichbedeutend mit der Nutzenmaximierung aller Akteure, die IT-Services
nutzen, um ihre Aufgaben im Leistungserstellungsprozess zu erledigen.
Wichtige Einflussfaktoren sind:

- Leistungsparameter der Geschäftsprozesse
  Die Steigerung der Reaktionszeit bei der Bearbeitung von Kundenaufträgen führt zu einem höheren Durchsatz.

- Betriebliche Aufgaben
  Der Nutzwert von E-Mail-Services kann sich durchaus unterscheiden. Ein Controller, der monatliche Reports von den Tochtergesellschaften konsolidiert, hat sehr viel höhere Anforderungen (*z.B. Größe des Postfachs, Spam-Filter*) als ein Facharbeiter, der ausschließlich betriebliche E-Mails von der Personalabteilung bekommt.

- Die Situation, in der sich der Nutzer befindet
  Viele Nutzer nehmen den Nutzwert von IT-Services erst im Falle ihrer Nichtverfügbarkeit wahr. Die Wertschätzung für ein effizientes Incident Management steigt im Falle einer Störung immens.

- Grundsätzliche Erwartungen
  Individuen bilden ihre Erwartungen an Serviceniveau und Servicequalität aus einer Vielzahl von Quellen (*z.B. Erfahrungen aus der Vergangenheit, Leistungsangebote des Marktes, Erzählungen Dritter*).

Alle genannten Einflussfaktoren der Nutzenwahrnehmung und damit der Nutzerzufriedenheit lassen sich nicht ohne Weiteres in operational relevante Gestaltungsparameter von IT-Services transformieren. Jeder Service Provider muss im Einzelfall mit dem Serviceauftraggeber abstimmen, wie die Wertbeiträge von IT-Services für die relevanten Nutzer maximiert werden können. Dies ist sicherlich ein iterativer Prozess, der durch sukzessives Herantasten geprägt ist, da es – bedingt durch die unterschiedlichen und situativ schwankenden Wahrnehmungen und Erwartungen –, kein analytisches Optimum geben kann.

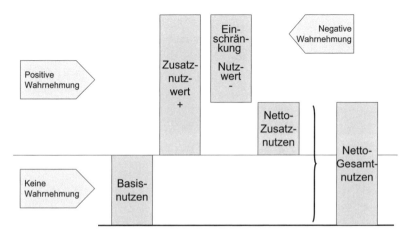

Abb. 2–5
Der Nutzwert von IT-Services (OGC: Service Strategy (2007), S. 32)

Ein positiver Netto-
Gesamtnutzen führt zur
Nutzerzufriedenheit.

Nutzerzufriedenheit stellt sich in der Regel ein, wenn sich durch einen IT-Service ein positiver Netto-Gesamtnutzen ergibt. Dieser setzt sich zusammen aus dem Basisnutzen, d.h. Leistungselementen von IT-Services, die der Nutzer als gegeben voraussetzt (*mit der Applikation lässt sich problemlos arbeiten*) und dem Netto-Zusatznutzen. Ein positiver Zusatznutzen entsteht durch die positive Wahrnehmung der Serviceleistung (*Störungen werden schnell beseitigt*). Einschränkungen erfährt der Zusatznutzen durch die negative Wahrnehmung der Serviceleistung (*Unfreundlichkeit eines Technikers, Wiederholtes Auftreten der Störung*).

Abb. 2–6
Reifegrade des
IT-Managements
(OGC: Service Operation
(2007), S. 81)

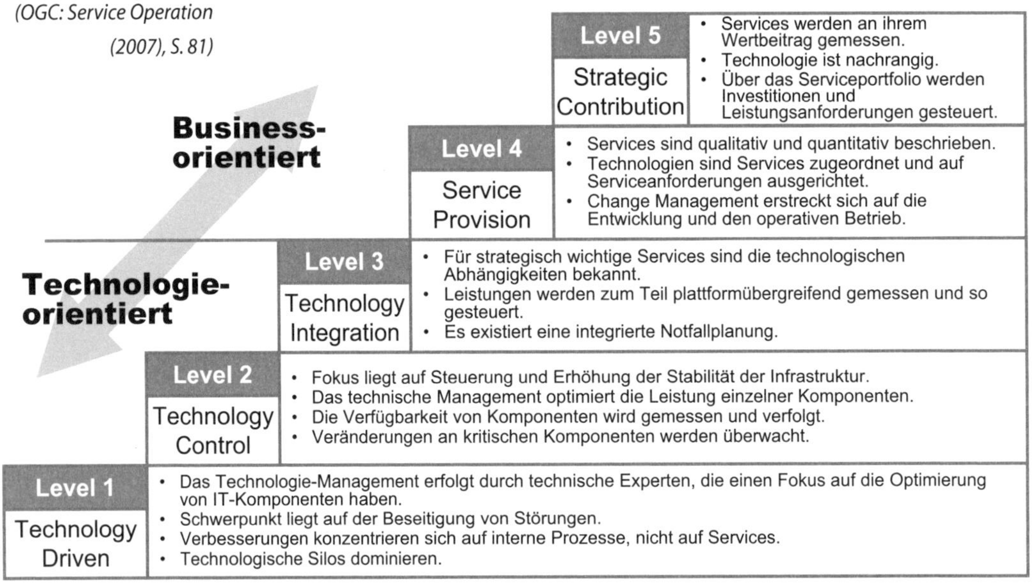

Der strategische Fokus auf Business Integration lässt sich nicht auf Knopfdruck implementieren. Er markiert vielmehr einen Kulturwandel von einer Technologie hin zu einer Business-Orientierung. Abbildung 2–6 beschreibt diesen Entwicklungsprozess über fünf Reifegrade hinweg.

2.2   Strategieentwicklung

Zur Entwicklung der Servicestrategie schlägt ITIL einen Prozess vor, der sich auf vier Kernaktivitäten konzentriert: Marktdefinition, Festlegung des Serviceangebots, Entwicklung eines nachhaltigen Wertbeitrags und Vorbereitung der Strategieumsetzung. Es folgt eine kurze Zusammenfassung.

Marktdefinition

Dem zuvor skizzierten Leitgedanken folgend, die IT-Organisation konzeptionell als eigenverantwortliche Geschäftseinheit zu betrachten, schlägt ITIL vor, dass IT-Service-Provider die Abgrenzung des relevanten Marktumfeldes als Ausgangspunkt für die Entwicklung ihrer Servicestrategie wählen sollen. Durch die Marktdefinition wird festgelegt, an welche Kunden der Service Provider sein Angebot richtet und auf welche Bedürfnisse es zielt. Für das IT-Service-Management stehen dabei typischerweise IT-Services im Vordergrund, die für die Optimierung der Business Performance von erfolgskritischer Bedeutung sind. Mit anderen Worten: Ein IT-Service-Provider muss die Geschäftsprozesse des Kunden kennen und verstehen. Es gilt zu analysieren, welche Anforderungen aktuell und in Zukunft an IT-Services resultieren und in welchem Umfang die bestehenden Serviceangebote diesen Anforderungen gerecht werden. Dies erfordert einen engen Dialog zwischen Vertretern der Fachseite und des IT-Service-Providers. Aus den identifizierten Abweichungen zwischen Kundenanforderungen und Serviceangebot lassen sich wichtige Ansatzpunkte für die Weiterentwicklung des Serviceportfolios (siehe Kapitel 2.2) gewinnen.

> *Der Außendienst eines Lebensmittelgroßhandels für Milchprodukte sieht sich mehr und mehr Wettbewerbsnachteilen ausgesetzt, weil Vertriebsbeauftragte beim Kundenbesuch nur Listenpreise verfügbar haben und keine konkreten Zusagen in Bezug auf die Lieferbereitschaft machen können. Die IT-Abteilung stellt eine gesicherte PDA-Funktionalität zur Verfügung, mit der die Vertreter einen Zugriff auf das Auftragserfassungssystem erhalten. Abhängig vom Lagerbestand kann nun mit flexibler Preisgestaltung reagiert werden, und der Kunde erhält konkrete Lieferzusagen.*

Festlegung des Serviceangebots

Ausgehend von den identifizierten Bedürfnissen gilt es im nächsten Schritt, das Serviceangebot entsprechend der Kundenanforderungen zu definieren. Dabei ist ein besonderes Augenmerk auf eine möglichst eindeutige Definition des Output des IT-Service zu legen. Nur durch die konkrete Beschreibung des Nutzens im Sinne der Zweckmäßigkeit (Utility) und der messbaren Definition der Gebrauchstauglichkeit (Warranty) kann die Angebotsdefinition ihren strategischen Zweck erfüllen. Konkrete Definitionen der Leistungsmerkmale der IT-Services sind sowohl auf der Kundenseite als auch auf Seiten des IT-Service-Providers für die Steuerung von Angebot und Nachfrage von elementarer Bedeutung. Eine Servicedefinition sollte ferner eine exakte Auflösung der einzelnen Service Assets ermöglichen, um die spätere Bereitstellung (Service Operation) sowie den kontinuierlichen Verbesserungsprozess (Continual Service Improvement) steuern zu können.

Inhaltlich wird das Serviceangebot durch das Serviceportfolio konkretisiert. Es enthält alle definierten IT-Services, die der IT-Service-Provider anbietet.

Da die Vertriebsbeauftragten in ganz Europa unterwegs sind, sichert die IT-Abteilung im Falle einer Endgerätestörung einen flexiblen 24-h-Austauschservice zu. Über den PDA Gateway hat das Auftragserfassungssystem eine Verfügbarkeit von 99,9 % während der Bürozeiten zwischen 9:00 und 18:00 Uhr.

Entwicklung eines nachhaltigen Wertbeitrages

Die bisher entwickelte Ausrichtung des Serviceportfolios auf die Kundenbedürfnisse (zur Generierung maximaler Wertbeiträge) kann kein einmaliger Prozess sein, da sich sowohl die Kundenbedürfnisse als auch die Möglichkeiten des Service Providers permanent verändern. Das IT-Service-Management kann demnach nur dann als Werttreiber fungieren, wenn es sich dynamisch im Sinne eines geschlossenen Kreislaufs (closed-loop control system) systematisch den Geschäftsanforderungen anpasst. Nur optimal auf die Kundenanforderungen ausgerichtete IT-Services versprechen eine entsprechende Auslastung, die für eine kosteneffiziente Vorhaltung und Bereitstellung des IT-Services auf Seiten des Service Providers unabdingbar ist.

Einige Vertriebsbeauftragte haben sich ein Smartphone der neuesten Generation zugelegt und nutzen dieses mit dem PDA parallel. Dadurch entstehen häufig Inkonsistenzen in den Datenbeständen beider Geräte. Die IT-Abteilung entwickelt eine Applikation, die den gesicherten Zugriff auf das Auftragsmanagementsystem auch auf gängigen Smartphones sicherstellt.

Vorbereitung der Strategieumsetzung

Im letzten Schritt gilt es die entwickelte Strategie tatsächlich zu formulieren und die Bedingungen für eine erfolgreiche Implementierung zu definieren. In folgenden Bereichen sollten möglichst konkrete Aussagen getroffen werden:

- Bewertung der strategischen Ausgangslage (relative Stärken und Schwächen, ausgewiesene Kompetenzen, Chancen und Risiken, kritische Erfolgsfaktoren) des Service Providers
- Ableitung von definierten Zielsetzungen (messbare Leistungsspezifikation, Leistungseinschränkungen, Abdeckungsgrad möglicher Kundenanforderungen, Kundennutzen der Services des Serviceportfolios)
- Dokumentation kritischer Erfolgsfaktoren (Marktstellung, Positionierung gegenüber Wettbewerbern, Alleinstellungsmerkmale, Geschäftsmodelle)
- Festlegung der Zielsegmente (Marktsegmentierung, Identifikation von Zielgruppen, aktuelle und zukünftige Produkt-Markt-Kombinationen)

Die beschriebenen Kernaktivitäten der Strategieentwicklung sind für die verschiedenen Service-Provider-Typen zwar nicht dem Grunde nach, sicherlich jedoch im Hinblick auf den Detaillierungsgrad der Ausgestaltung von unterschiedlicher Bedeutung. Viele interne Service Provider haben nur begrenzte Spielräume in der Marktabgrenzung oder der Zielgruppensegmentierung. Außer Frage steht, dass die Festlegung und detaillierte Beschreibung des Serviceangebots für alle Service Provider ein wichtiger Schritt zur Qualitätssicherung und Professionalisierung des IT-Service-Managements ist.

2.3 Serviceportfolio-Management

Bereitstellung eines anforderungsgerechten Angebots

Im Rahmen der Servicestrategie legt der IT-Service-Provider fest, welches Serviceangebot er entwickelt, anbietet oder gegebenenfalls einstellt.

Das Serviceportfolio lässt sich in die Service Pipeline (Status: »in Vorbereitung«), den Servicekatalog (Status: »aktiv«) und in eingestellte Services (Status: »inaktiv«) unterteilen. Im Rahmen eines übergreifenden Portfolioansatzes müssen die verfügbaren Ressourcen auf diese drei Bereiche aufgeteilt werden. Die Zielsetzung des Serviceportfolio-Managements ist die Bereitstellung eines Serviceangebots (Servicekatalog), welches den aktuellen sowie auch den zukünftigen Anforderungen der Serviceempfänger genügt.

Abb. 2–7
Das IT-Serviceportfolio

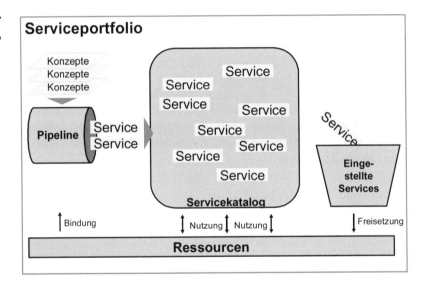

2.3.1 Service Pipeline

Servicekonzepte in Vorbereitung

Die Service Pipeline enthält alle Servicekonzepte, durch die die Prozesse Service Design und Service Transition auf die Realisierung durch Service Operation vorbereitet werden. Service Transition muss sicherstellen, dass alle Leistungsmerkmale produzierbar sind und durch alle Service-Management-Prozesse unterstützt werden. Die Service Pipeline repräsentiert die zukünftige strategische Ausrichtung des Service Providers, legt also fest, in welchem Umfang innovative Servicekonzepte und Potenziale für Verbesserungen durch Service Strategy und Service Design aufgegriffen werden.

2.3.2   Servicekatalog

Der Servicekatalog[3] enthält alle IT-Services, die die potenziellen Kunden und Nutzer des IT-Service-Providers beauftragen können, mit
anderen Worten Services, die sich im Status »aktiv« befinden und
durch Service Operation bereitgestellt werden können.

Verzeichnis aller aktuellen IT-Services

Der Servicekatalog wird beispielsweise vom Service Level Management genutzt, um IT-Services zu Bündelangeboten und mit abweichen-
den Preismodellen zu kombinieren. Die Leistungsfähigkeit, die Flexibilität im Sinne der Kombinierbarkeit einzelner Servicekomponenten,
die Abstufung der beauftragbaren Service Level sowie die zur Verfügung stehenden Preis- und Abrechnungsmodelle sind entscheidende
Faktoren, die die Attraktivität des IT-Service-Providers in den Augen
der Serviceauftraggeber ausmachen. Auf der anderen Seite ist zu
beachten, dass jedes Angebot, das vorgehalten wird, Ressourcen bin-
det und Kosten verursacht. Das Serviceportfolio-Management muss
einen geeigneten Ausgleich zwischen der Attraktivität des Angebots
und den resultierenden Komplexitäts- und Vorhaltungskosten finden.

Der bestellfähige Teil des Servicekatalogs wird vom Prozess Service
Request Fulfilment genutzt. Standardisierte IT-Services können (»aus
dem Regal«) auf Basis von wählbaren Optionen (*z. B. Volumen, Service Level*) ausgewählt und beauftragt werden. Die optionalen Leis-
tungsschnitte sowie Preis- und Abrechnungsmodelle werden mit dem
Serviceauftraggeber durch das Service Level Management vereinbart
und können von berechtigten Nutzern flexibel abgerufen werden.

Bestellfähige Services sind über Service Request Fulfilment abrufbar.

*Den Nutzern eines Geschäftsbereichs stehen als optionale Größen
für ihre E-Mail-Postfächer 2, 5 oder 10 GB Speicher zu jeweils
unterschiedlichen Monatspauschalen zur Verfügung.*

Aus Effizienzgründen sollte der Servicekatalog Kunden und Nutzern
über ein Portal mit integriertem Webshop zur Verfügung gestellt werden, das Leistungsbeschreibungen, Servicezeiten, verfügbare Service
Level, Preise und Verrechnungsmodalitäten u. Ä. enthält.

Der Servicekatalog wird unter der Führung des Change Managements gepflegt. Damit wird sichergestellt, dass Veränderungen einem
Freigabeprozess unterliegen, der eine sorgfältige Analyse der Auswirkungen auf neue und bestehende Serviceverträge gewährleistet.

---

3.   siehe Abschnitt 3.1 zu Details zum Servicekatalog-Management-Prozess

2.3.3   Eingestellte Services

Systematische
Rückführung

Das Ausphasen von IT-Services fällt in die Verantwortung von Service Transition. Die Eliminierung aus dem Servicekatalog verhindert zunächst weitere Neubeauftragungen. Bevor der IT-Service jedoch endgültig eingestellt werden kann, muss sichergestellt werden, dass alle vertraglichen Verpflichtungen vollständig erfüllt und alle Service Assets zurückgeführt worden sind. Häufig gibt es einzelne Kunden oder Nutzer, die auf die Weiterführung des IT-Service bestehen. In solchen Situationen ist im Einzelfall festzulegen, unter welchen Konditionen und SLAs ein Weiterbetrieb möglich ist.

Die Einstellung von redundanten IT-Services wird selten konsequent verfolgt. Durch Prozessabweichungen, die Notwendigkeit der Vorhaltung von speziellen Ressourcen und Know-how etc. entstehen vielfach verdeckte Kosten, die das IT-Budget belasten.

2.3.4   Serviceportfolio-Management-Prozess

Auswahl, Priorisierung
und Ressourcenallokation
werden mit Portfolio-
Logik gesteuert.

Das Serviceportfolio-Management knüpft an das Lebenszykluskonzept an. Es muss Verfahren festlegen, die die Auswahl, Priorisierung und Ressourcenallokation über die einzelnen Services und Phasen regeln. Das Serviceportfolio umfasst sowohl selbst erstellte Services als auch Angebote von Drittanbietern, die Serviceempfängern über den Servicekatalog angeboten werden. Mit der Entscheidung für die Bereitstellung eines Serviceangebots in der Phase der Strategieentwicklung wird bereits über die spätere Ressourcenbindung in der Nutzungsphase entschieden.

> *Ein IT-Service-Provider entscheidet sich, das Nutzermanagement an den externen Provider auszulagern, der auch das Netz bereitstellt. Die Mitarbeiter, die diese Aufgabe bisher wahrgenommen haben, können dann in anderen Bereichen eingesetzt werden.*

In der gleichen Logik werden durch die Einstellung von Services Ressourcen freigesetzt, die zur Verbesserung des Angebots des aktuellen Servicekatalogs oder zur Entwicklung von Servicekonzepten für zukünftige Anforderungen genutzt werden können.

Der Serviceportfolio-Management-Prozess unterteilt sich in drei Phasen: Definition, Analyse und Freigabe (siehe Abb. 2–8).

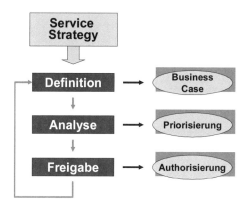

Abb. 2–8

Der Serviceportfolio-

Management-Prozess

Definition

Ausgangspunkt des Serviceportfolio-Managements ist eine vollständige Übersicht der bestehenden IT-Services und der notwendigen möglichen und/oder geplanten Servicekonzepte. Dazu ist die Vorgabe eines
Beschreibungsmusters sinnvoll, das alle Informationen umfasst, die im
strategischen Planungsprozess von Bedeutung sind (*z.B. Umfang,
Skills, Know-how, Systeme, Tools*). Für jeden IT-Service sollte obliga-
torisch ein **Business Case** aufgestellt werden, der genau spezifiziert,
welche Ergebnisse der IT-Service liefert und welche Ressourcen, Kapazitäten und Verfügbarkeiten für die Bereitstellung notwendig sind. Auf
Basis des Business Case werden auch strategische Prämissen festgelegt,
zum Beispiel der Grad der eigenen Wertschöpfung.

*Business Case für einen
IT-Service erstellen*

Analyse

Ziel dieser Phase ist die inhaltliche Festlegung der Servicestrategie.
Möglicher Ausgangspunkt sind folgende Top-down-Fragen:

- Welche langfristigen Ziele verfolgt der Service Provider?
- Welche IT-Services werden zur Umsetzung der Ziele benötigt?
- Welche Fähigkeiten und Ressourcen werden benötigt?
- Nach welcher Logik sollen die vorhandenen Ressourcen auf die
  anzubietenden IT-Services aufgeteilt werden?
- Welche Zielgruppen werden mit welchen Angeboten angesprochen?

Methodisch lassen sich Abhängigkeiten, die für die Formulierung der
Strategieinhalte relevant sind, in Form von Wirkungsbeziehungsnetz-
werken darstellen (siehe Abb. 2–9).

Abb. 2–9

Service Value Network

(Quelle: OGC: Service

Strategy (2007), S. 50

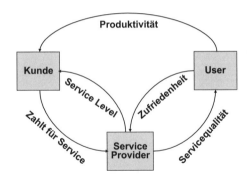

Welche Services werden
welchen Zielgruppen
angeboten?

Die Marketingabteilung eines Unternehmens muss in Gestalt von Produkt-Markt-Kombinationen entscheiden, auf welchen Märkten das
Unternehmen welche Produkte anbietet. Analoges gilt für den Service
Provider. Er muss festlegen, welche IT-Services welchen Kundenseg-
menten (Nutzergruppen) angeboten und mit welchen Bereitstellungs-,
Geschäfts- bzw. Abrechnungsmodellen zur Verfügung gestellt werden.
Als mögliches Entscheidungskriterium zur strategischen Priorisierung
der IT-Services bietet sich das Verhältnis zwischen Nutzwert und Kosten an.

Freigabe

Die Ergebnisse der Analysephase liefern die Grundlage für die letztli-
che Gestaltung des Serviceportfolios. Dabei ist zu entscheiden, welche
Servicekonzepte der Pipeline zur Produktionsreife weiterentwickelt
werden sollen. Für die im aktuellen Servicekatalog zusammengefassten
IT-Services stehen folgende strategische Optionen zur Wahl:

- Unverändert **weiterführen**
- **Ersetzen**
  (*z. B. Beseitigen überlappender Angebote*)
- **Optimieren**
  (*z. B. Reduzieren der Anzahl von verwendeten Versionen einer
  Standardsoftware*)
- **Rekonfigurieren**
  (*z. B. Neuschneiden von Service-Leveln, die bisher sehr einseitig
  beauftragt werden*)
- **Erneuern**
  (*z. B. Nutzen eines neuen Netzprotokolls, das Serviceumfang und
  -leistung erhöht oder Kosten der Servicebereitstellung reduziert*)
- **Einstellen**
  (*z. B. Einstellen des Supports für ein ausgelaufenes Betriebssystem*)

Das Serviceportfolio-Management konkretisiert die strategische Ausrichtung des Service Providers. In regelmäßigen Abständen – mindestens jedoch jährlich – muss das Serviceportfolio einer kritischen Revision unterzogen werden.

Das Serviceportfolio-Management folgt der konzeptionellen Logik, den eigenen Verantwortungsbereich als Geschäftseinheit zu verstehen. Analog dem Produktmanagement eines Konsumgüterherstellers soll das angebotene Sortiment einer formulierten Strategie entspringen und nicht einem nachfrageinduzierten Bauchladen entsprechen, der zwangsläufig durch die reaktive Umsetzung von heterogenen Kundenanforderungen entsteht. Service Provider sind gefordert, die aktuellen und zukünftigen Nachfragepotenziale ihrer Zielkunden ex ante zu antizipieren und mit ihrer strategischen Situation abzugleichen. Der infrastrukturelle Wildwuchs, der in vielen Unternehmen durch den Verzicht auf ein strategisch orientiertes Serviceportfolio-Management entstanden ist, unterstreicht die Bedeutung dieses Prozesses eindrucksvoll.

2.4   IT Financial Management

Strategische Alternativen durch Business Cases bewerten

Eine erfolgreiche Servicestrategie lässt sich nicht definieren, ohne die resultierenden finanziellen Auswirkungen zu berücksichtigen. Die betriebswirtschaftliche Durchdringung aller Serviceprozesse gehört völlig unabhängig vom Typ des Service Providers mehr und mehr zum Pflichtprogramm. Strategische Alternativen lassen sich nur auf Basis von Business Cases bewerten, die eine klare Aussage über den bewertbaren Erfolg von IT-Services über den gesamten Lebenszyklus liefern. Die Messung der Kosten der Servicebereitstellung ist eine unabdingbare Voraussetzung für deren Optimierung. Strategische Entscheidungen, die ohne solide betriebswirtschaftliche Datengrundlage aus dem Bauch heraus und mit eingeschränkter Perspektive gefällt werden, sind weder zeitgemäß noch eine Grundlage für die professionelle Ausrichtung des Service Managements.

Schaffen von Kostentransparenz

Eine zentrale Zielsetzung des IT Financial Managements ist die Schaffung von Kostentransparenz zur Überwachung der effizienten Leistungserstellung sowie die Zurechnung von Kosten auf IT-Services zum Zwecke der Abrechnung.[4] In diesem Zusammenhang unterscheidet sich die Situation eines Service Providers nicht von der eines Unternehmens, das am Markt agiert. Das Angebot von kosteneffizienten und leistungstransparenten Serviceangeboten ist heute auch für interne IT-Abteilungen wesentlich. Geschäftsbereiche planen auf Basis dieser Informationen ihren langfristigen Bedarf und stellen im Rahmen der kurzfristigen Erfolgsplanung entsprechende Budgets ein.

2.4.1   Kostenerfassung

IT-Kosten sind selten Einzelkosten.

Die Bewertung von IT-Services setzt zunächst eine entsprechende Kostentransparenz über den Leistungserstellungsprozess voraus, der für die Vorhaltung eines IT-Service erforderlich ist. Eine grundsätzliche Schwierigkeit besteht darin, dass viele Kosten sich nicht oder nur mit großem Aufwand den einzelnen Services als Einzelkosten direkt zurechnen lassen. Da Servicekosten in der Regel einen hohen Personalkostenaufwand beinhalten, schafft eine exakte Zeitdokumentation der Mitarbeiter auf die jeweiligen IT-Services bereits wesentliche Grundlagen für die Erfassung direkter Kosten. Für die Erfassung und Dokumentation von Prozesskosten müssen IT-Services als zusätzliche Zurechnungsobjekte in die Kostenrechnung integriert werden. Die Zurechnung von variablen Kosten basiert auf Verbrauchsmengen, deren exakte Erfassung sicherzustellen ist.

---

4.   zur Vertiefung des Themas IT-Controlling vgl. Gadatsch (2005), Saleck (2005)

In diesem Zusammenhang hat das Financial Management die Aufgabe, ein System zu etablieren, das die Gewinnung der notwendigen Informationen möglichst aufwandsarm gewährleisten kann. Über verschiedene Zentraleinheiten, Geschäftsbereiche, in- und ausländische Tochtergesellschaften hinweg werden IT-Kosten nicht notwendigerweise gleich erfasst. In vielen Unternehmen fußt die Budgetierung nach wie vor auf der klassischen Kostenarten- und Kostenstellenrechnung. IT-Kosten finden sich sowohl in bestimmten Kostenarten (*z. B. Lizenzkosten*), auf gesonderten IT-Kostenstellen (*z. B. Rechenzentrum*) als auch in Kostensammlern (*z. B. Innenaufträge für Projekte*).

System zur konsistenten Erfassung von IT-Kosten etablieren

Das nachfolgende Beispiel unterstreicht diese Problematik:

> *Um das Angebot für den Betrieb von Arbeitsplätzen (Desktop Service) eines externen Anbieters prüfen zu können, möchte der CIO wissen, welche Kosten ein PC-Arbeitsplatz verursacht. Recherchen ergeben folgendes Bild: Die Hardwarekosten werden inklusive des Betriebssystems auf der Kostenstelle erfasst und abgeschrieben. Die Lizenzkosten von Individualsoftware werden als Kostenart auf Kostenstellen erfasst. Die Servicepauschale sowie die Softwarekosten aus Unternehmenslizenzen werden über die IT-Umlage verteilt. 50% der Umlage werden nach Anzahl der Nutzer, 50% nach den Personalkosten (Kostentragfähigkeitsprinzip) geschlüsselt. In der Produktion wurden alle PCs einer Sammelkostenstelle zugeordnet. In allen anderen Bereichen wurden die PCs über die Mitarbeiter (Nutzer) den jeweiligen Kostenstellen zugeordnet. Aus Vereinfachungsgründen erhalten Tochtergesellschaften für die Inanspruchnahme von IT-Services eine pauschalierte Gesamtrechnung, deren Höhe jährlich neu ausgehandelt wird.*

Das Financial Management muss in Zusammenarbeit mit dem Rechnungswesen die Grundlagen für die serviceorientierte Erfassung der Kosten schaffen. Dies bedingt nicht selten eine Umstellung gängiger Verrechnungsmethoden.

2.4.2   Effizienzkontrolle

Auf Basis der Erfassung von Kosten von IT-Services lassen sich mit kostenbasierten KPIs wertvolle Hinweise über unausgeschöpfte Potenziale ableiten.

Überwachung mit KPIs

> *Zum Beispiel können steigende Kosten pro Incident ein Indiz für die Unterauslastung des technischen Managements oder für die Ineffektivität des Problem Managements sein.*

Die vom Financial Management gelieferten Informationen schaffen die Grundlage für ein IT Service Controlling[5], das auf die Effizienz der Serviceerbringung gerichtet ist.

Die Kenntnis der Prozesskosten ist ebenfalls ein wichtiger Inputfaktor für das Service Design. Neue technische Lösungen sowie Investitionen des IT-Service-Managements (*z. B. die Anschaffung eines Tools zur Unterstützung des Change Managements*) erfordern eine genaue Kalkulation der Kostenauswirkungen über den gesamten Lebenszyklus der betroffenen IT-Services.

2.4.3 Preisbildung

Festlegung von Preismodellen

Auf Basis der Kenntnis der möglichst genauen Kosten kann das IT Financial Management Preise und die Verrechnungssystematik für die einzelnen IT-Services festlegen. Dies schafft die Grundlage für eine verursachungsgerechte Verteilung der IT-Kosten. Folgende Preis- und Abrechnungsmodelle finden häufig Anwendung:

- **Fallpauschale**
  (*z. B. Zurverfügungstellung von gesicherten Daten aus dem Archiv*)
- **Monatliche Pauschale**
  (*z. B. Servicepauschale für einen PC-Arbeitsplatz*)
- **Verrechnung nach Inanspruchnahme**
  (*z. B. MIPS, IP-Adressen, Größe des Speicherplatzes, Manntage für Unterstützungs- und Beratungsleistungen*)
- Berechnung **pro Nutzer**
  (*z. B. Softwarelizenzen*)
- Berechnung **pro Arbeitsplatz**
  (*z. B. eine Pauschale für die Benutzung des Abteilungsdruckers*)
- Verrechnung **nach Aufwand**
  (*z. B. Umzug einer Abteilung*)
- Verrechnung **nach Warenwert**
  (*z. B. Anschaffungskosten eines Laptops*)
- Verrechnung eines **Festpreises**
  (*z. B. Durchführung eines Rollouts*)
- Verrechnung durch **Gemeinkostenumlage**
  (*z. B. Kosten des Service Managements*)

---

5. vgl. Saleck (2005)

Das vorrangige Ziel bei der Festlegung der Verrechnungspreise ist, dass sich die Preise am Nutzwert der IT-Services für die Geschäftsbereiche orientieren. Nur ein benchmarkfähiges Preis-Leistungs-Verhältnis, das als fair empfunden wird, führt zu nachhaltiger Kundenzufriedenheit. Bei anhaltendem Druck auf die IT-Budgets haben auch interne Service Provider immer seltener die Möglichkeit, andere Bereiche mit ihren Vollkosten über geschlüsselte Gemeinkostenumlagen zu belasten.

Vergleichbarkeit der Preise ermöglichen

2.4.4 Steuerung der Nachfrage

Die Bepreisung von Services schafft auch intern eine Grundlage für die marktorientierte Koordination von Allokationsentscheidungen. Die verursachungsgerechte Verrechnung von IT-Services auf der Basis von »verbrauchten Mengen« und Verrechnungspreisen regelt die Inanspruchnahme und Nachfrage auf das notwendige Minimum und schafft somit die Grundlage für eine effiziente Ausnutzung der Kapazitäten. Sowohl für die Geschäftsbereiche als auch für den Service Provider entsteht dadurch Planbarkeit hinsichtlich des Volumens und des Wertes, das heißt des resultierenden Budgets (Menge × Preis).

Preismodelle unterstützen Demand Management.

2.4.5 Unterstützung des Serviceportfolio-Managements

Der Serviceportfolio Manager nutzt den Input des Financial Managements, um in regelmäßigen Abständen zu überprüfen, ob die selbst erstellten Services günstiger produziert werden als vergleichbare Angebote externer Service Provider. Unter Berücksichtigung der Transaktionskosten (z. B. *Kosten der Vertragsgestaltung oder Aufwand für die Steuerung des externen Service Providers*) ist zu entscheiden, ob eine Fortführung der internen Bereitstellung strategisch und wirtschaftlich sinnvoll ist.

Input für Make-or-Buy-Entscheidungen

Bei internen oder Shared-Service-Providern ist häufig Widerstand gegen eine allzu große Kostentransparenz anzutreffen. Befürchtungen in Bezug auf mangelnde Flexibilität, versteckte Kosten, Kontrollverluste, Statuseinbußen etc. führen regelmäßig zu einem Verzicht auf den externen Bezug von IT-Services, obgleich kosteneffizientere Angebote (z. B. *bedingt durch Volumenvorteile*) verfügbar sind.

3 Service Design

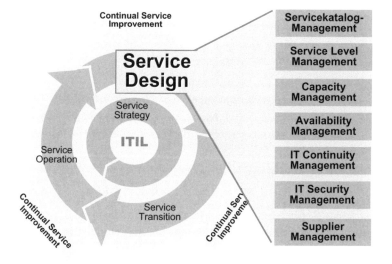

Abb. 3–1

Das ITIL-Modul

Service Design

Auf Basis der strategischen Freigabeentscheidung des Serviceportfolio-Managements übernimmt das Service Design innerhalb des IT-Service-Lifecycles die Konzeption von neuen oder die substanzielle Veränderung von existierenden IT-Services. Die Service-Design-Phase beginnt mit der Aufnahme der Geschäftsanforderungen und endet mit der Übergabe des Servicekonzepts an die Service-Transition-Phase (Kapitel 4).

Konzeption von IT-Services

Für eine qualitative und an die Anforderungen der Geschäftsprozesse ausgerichtete Konzeption von IT-Services ist eine übergreifende Perspektive von besonderer Bedeutung, schließlich gilt es die Konsistenz und Integration in die bestehende IT-Infrastruktur und die Prozesse des IT-Service-Managements sicherzustellen. Unausgegorene Konzepte offenbaren ihre Schwachstellen erst in späteren Umsetzungs- und Betriebsphasen. Die Gestaltung von Servicekonzepten erfordert

Gesamtheitlicher Ansatz

daher eine proaktive Orientierung, die auf die gesamtheitliche Vorwegnahme aller zur Leistungserbringung notwendigen IT- und Service-Management-Prozesse ausgerichtet ist und die Kompatibilität der Servicekonzepte mit den folgenden Gestaltungsfeldern sicherstellt:

- Unternehmensstrategie, Servicestrategie und IT-Politik
  Entsprechen die Anforderungen und das Konzept der IT-Governance?

- Service-Management-System und -Tools, insbesondere Serviceportfolio
  Sind die neuen oder veränderten Services kompatibel zum existierenden Serviceportfolio und werden sie durch die implementierten Systeme und Tools unterstützt?

- Technologiearchitektur und Managementsysteme
  Lassen sich die neuen oder veränderten Services mit der bestehenden IT-Infrastruktur umsetzen?

- Prozesse
  Verfügt die IT-Organisationen über die erforderlichen Prozesse, Rollen, Verantwortlichkeiten sowie Kompetenzen für den erfolgreichen und qualitätsgerechten Betrieb der neuen IT-Services?

- Steuerung
  Lassen sich die neuen oder veränderten IT-Services mit dem implementierten Controlling-Instrumentarium abbilden?

Fokus auf den gesamten Lebenszyklus

Besondere Anforderungen resultieren aus dem Umstand, dass eine rein statische Betrachtung im Rahmen des Service Designs zu kurz greift. Die übergreifende Perspektive bezieht sich auf den gesamten Lebenszyklus des Service. Die Gestaltung von IT-Services muss daher nicht nur den aktuellen Geschäfts- und Kundenanforderungen im Hinblick auf Funktionalität, Effizienz, Risiko, Sicherheit und Qualität etc. genügen, sondern auch die notwendige Flexibilität in Bezug auf zukünftige Anforderungen (*z.B. Skalierbarkeit oder regionale Ausdehnung*) aufweisen.

Im Ergebnis führt ein erfolgreiches Service Design zu qualitativen, anforderungsgerechten und effizienten IT-Services und bildet das Fundament für effiziente Service-Management- sowie IT-Prozesse. Ein effektives Service Design reduziert die Total Cost of Ownership (TCO) bei definierter Servicequalität und Servicekonsistenz.

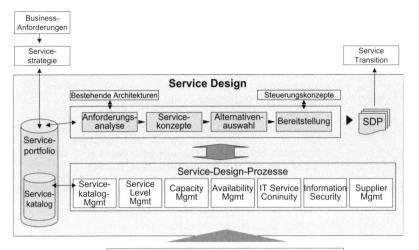

Abb. 3–2

Service Design in der

Übersicht

Eine zusammenfassende Darstellung der Service-Design-Phase und -Prozesse findet sich in Abbildung 3–2. Durch einen Abgleich der Geschäftsanforderungen und der darauf ausgerichteten Servicestrategie mit dem bestehenden Serviceportfolio ergibt sich der Gestaltungsbedarf für ein neues Servicekonzept oder zu verändernde Servicekonzepte. Konzeptalternativen werden im Hinblick auf die Anforderungen der einzelnen Service-Design-Prozesse entwickelt. Dabei sind Inputs aus anderen Service-Management-Prozessen zu beachten. Nach Auswahl des geeigneten Service Designs für den neuen IT-Service wird die Bereitstellung konzipiert.

Die Prozesse, die der IT-Service-Lebenszyklusphase des Service Designs zugeordnet sind, beschränken sich nicht nur auf die reine Entwicklung von IT-Services. Eine Reihe von Prozessaktivitäten sind im operativen Betrieb zu erledigen.

3.1   Servicekatalog-Management

Steckbrief
Servicekatalog-
Management

Zweck	▪ Bereitstellung eines zentralen Leistungsverzeichnisses, welches Leistungsmerkmale und Verrechnungsmodi enthält
wichtige Aktivitäten	▪ Festlegen der Struktur ▪ Gewährleisten der Vollständigkeit
Methoden/ Tools	▪ Webportal mit Beauftragungsfunktionalität
Output	▪ Verzeichnis mit detaillierten Leistungsbeschreibungen und Bezugsbedingungen aller bestellbaren IT-Services
Bewertung	▪ Hohe Bedeutung, wenn eine Vielzahl von standardisierten IT-Services angeboten wird. Erfordert eine kritische Größe. Gegenüber der Vorgängerversion aus dem Service Level Management herauslöst. Enge Verzahnung mit dem Serviceportfolio-Management.
Beispiel	▪ In der Vergangenheit haben Nutzer und Fachabteilungen über den Einkauf (oder daran vorbei) beliebige PCs und Server bestellt. Dies hatte eine Vielzahl von Interaktionen in Bezug auf Lieferfähigkeit und Genehmigung zur Folge. Wartezeiten von zwei bis drei Monaten waren die Regel. Die Vielzahl der verschiedenen Varianten führte zudem zu einem erheblichen Anstieg der Servicekomplexität. Durch die Bereitstellung und Vorgabe eines Webshops im Intranet, über den nur eine kleine Anzahl von Standardoptionen zur Verfügung gestellt wird, gelang es, die Vielfalt der Systeme zu reduzieren und den Bestellprozess zu verschlanken.

Die IT-Abteilung als
interner Dienstleister

In der klassischen, funktionalen Organisation mit Verrichtungsorientierung ist die IT-Abteilung per Definition für alle IT-Aufgaben verantwortlich. Das war systemimmanent und bedurfte nur in seltenen Fällen einer zusätzlichen Abstimmung. Eine derartige funktionale Klarheit ist heute nur noch in wenigen Unternehmen anzutreffen. Ein Blick in den Organisationsalltag der Unternehmen – dominiert von Divisionalisierung, Matrixstrukturen und der Konzentration auf Kernkompetenzen – zeigt, dass die IT heute in der Regel das gesamte Unternehmen durchdringt. Mehr und mehr Abteilungen nehmen IT-Aufgaben war. Unklare Aufgabenabgrenzungen und Schnittstellen, Redundanzen und Zielkonflikte prägen demzufolge den operativen Alltag. Daraus resultiert – analog zu externen Dienstleistern – auch für interne Provider sowie Shared Service Provider als Querschnittsfunktion und Supporteinheit zunehmend die Notwendigkeit, sich auch innerhalb des Unternehmens mit einem klaren Wertbeitrag und Leistungsprofil zu positionieren (IT-Alignment). Diesen Zweck unterstützt der Servicekatalog. Das Servicekatalog Management ist eng mit dem Service Operation Prozess »Service Request Fulfilment« verknüft. (siehe Kapitel 5.4)

3.1.1   Ziele des Prozesses

Der Servicekatalog ist ein aktuelles Verzeichnis aller IT-Services, die der Service Provider anbietet. Er gewinnt als zentrale und umfassend verfügbare Quelle für konsistente Informationen über das IT-Leistungsangebot zunehmend an Bedeutung und stellt ein wichtiges internes Marketing- und Kommunikationsinstrument dar. Der Service-katalog umfasst alle verfügbaren und freigegebenen sowie in der Umsetzung befindlichen IT-Services. Er ist ein Bestandteil des Service-portfolios. Das Servicekatalog-Management ist für die einheitliche Struktur, die Vollständigkeit sowie die Distribution im Sinne der Bereitstellung des Servicekatalogs verantwortlich.

3.1.2   Prozessaktivitäten

Festlegung der Struktur des Servicekatalogs

Das Servicekatalog-Management bestimmt, in welchen (Medien-)For-maten der Servicekatalog bereitgestellt wird und welche Informatio-nen er enthält. Im ersten Schritt reicht dafür häufig eine einfache Excel-Tabelle oder Datenbank. In späteren Ausbaustufen bieten sich Webportale mit entsprechenden Bestandsübersichten, Bestellfunktio-nalitäten, Berechtigungskonzepten und Workflow-Komponenten an.

Katalogformat bestimmen

    Für die Einführung eines Servicekatalogs ist zunächst eine einheit-liche Beschreibungsstruktur erforderlich. Abbildung 3–3 gibt einen Überblick über wichtige Detailinformationen, die typischerweise in einem Servicekatalog zu finden sind.

Abb. 3–3

Strukturbeispiel für einen

Servicekatalog

(in Anlehnung an:

OGC: Service Design

(2007), S. 259)

	Service A	Service B	···	Service N
Service Nr.				
Beschreibung				
Servicetyp				
Status des Service				
Unterstützende Services				
Service Manager(s)				
Delivery Manager(s)				
Serviceoptionen				
Verfügbare Service Level				
Servicezeiten				
KPIs + Reports				
Preismodell/Verrechnungslogik				
Ansprechpartner Eskalation				
Review-Intervall				
. . .				

Durch die Schaffung einer durchgehenden Identifikationssystematik lassen sich die im Servicekatalog aufgeführten IT-Services als eigenständige CIs im CMS erfassen. Die Integration des Servicekatalogs in das CMS erlaubt so die spätere Zuordnung von Changes, Releases, Incidents, Problems etc.

Gruppierung von Services   Zur Übersichtlichkeit ist es angebracht, die Services in einer bestimmten Hierarchie zu gruppieren. Es ist darauf zu achten, dass der Servicekatalog die Services nicht aus einer technischen Sicht, sondern aus einer für Kunden und Nutzer nachvollziehbaren und anwendungsorientierten Perspektive beschribt. Kunden und Nutzer interessieren sich in der Regel nicht dafür, auf welchem Server die Applikation läuft, die sie gerade benutzen. Für sie sind ausschließlich die Auswirkungen auf die Geschäftsprozesse von Bedeutung, das heißt, ob und wie performant »die IT« ihre Geschäftsprozessaktivitäten unterstützt.

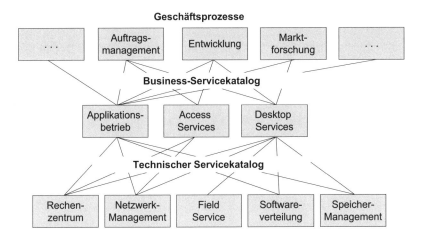

Abb. 3–4

Der Servicekatalog
(schematische Abbildung)
in Anlehnung an:
OGC: Service Design
(2007), S. 62

Der technische Servicekatalog beschreibt den Leistungserstellungszusammenhang der für die Produktion und Bereitstellung notwendigen technischen Services, Komponenten und CIs. Die Auflösung einer durchgehenden und aufeinander aufbauenden Servicesystematik, die die einzelnen IT-Services in Subprozesse und ihre technischen Bestandteile und Komponenten zerlegt, ist zur Absicherung der Leistungsfähigkeit und Servicequalität notwendig und wird von nachfolgenden Prozessen genutzt.

Gewährleistung der Vollständigkeit

Eine wesentliche Voraussetzung für die Akzeptanz des Servicekatalogs als zentrale Informationsquelle für das Leistungsangebot des Service Providers ist Vollständigkeit. Das Servicekatalog-Management muss sicherstellen, dass alle neuen und veränderten Services im Servicekatalog mit dem richtigen Status (z. B. »in Vorbereitung«, »in Betrieb«, »außer Betrieb«) erfasst werden. Dafür sind entsprechende Schnittstellen zu den betroffenen Service-Management-Prozessen, insbesondere zum Change Management, zu etablieren.

Vollständigkeit
determiniert Nutzwert.

3.1.3 Steuerung des Prozesses

Zur Überwachung des Servicekatalog-Managements bieten sich im Wesentlichen zwei KPIs an:

- Anzahl der verzeichneten Services als Prozentsatz der insgesamt angebotenen Services
- Anzahl der Abweichungen zwischen den inhaltlichen Informationen des Katalogs und der realen Situation

3.1.4 Erfolgsfaktoren der Umsetzung

Katalog als Ersatz des Servicevertrags

Die vollständige und umfassende Beschreibung eines IT-Service im Servicekatalog erfüllt bei internen Providern und Shared-Service-Providern den Zweck des Servicevertrags. Die Beschreibung dient den Serviceauftraggebern und den Mitarbeitern des technischen Managements in allen Detailfragen als relevante Referenz. Dies unterstreicht die Bedeutung klarer Definitionen und eindeutiger Beschreibungen des Leistungsumfangs. Weitere Erfolgsfaktoren sind:

- Vollständigkeit, Übersichtlichkeit und Konsistenz des Katalogs
- Pflege des Servicekatalogs unter Verwendung des Konfigurationsmanagements und des Change Managements
- Sicherstellung der Verfügbarkeit für alle Berechtigten
- Verknüpfung mit einem leistungsfähigen Auftragsmanagement

3.2   Service Level Management

Zweck	Gestaltung der Kundenschnittstelle des IT-Service-Providers
wichtige Aktivitäten	▪ SLA-Systematik ▪ Aufnehmen der Kundenanforderungen (Service Level Requirements) ▪ Abschließen von Service-Vereinbarungen (Service Level Agreements) ▪ Service Level Reporting
Methoden/ Tools	▪ Einsatz einer standardisierten Projektplanungsmethode
Output	▪ SLR-/SLA-/OLA-/UC-Templates
Bewertung	▪ Wichtiger und etablierter ITIL-Kernprozess; Kundenorientierung an der Kundenschnittstelle. Schafft Leistungsverbindlichkeit und kanalisiert Leistungserwartungen von Kunden und Nutzern; setzt stabile Leistungserbringungsprozesse voraus.
Beispiel	▪ Die Veränderungen von Einträgen in das Active Directory werden jeweils von den Mitarbeitern vorgenommen, die gerade Kapazitäten frei haben. In Spitzenzeiten bleiben diesbezügliche RfCs öfter wochenlang liegen. Nach wiederholten Beschwerden wird eine maximale Bearbeitungszeit von einem Arbeitstag zugesichert. Die operativen Prozesse werden angepasst, um diesen Service Level zukünftig einzuhalten.

Steckbrief Service Level Management

Das Service Level Management verhandelt, vereinbart und dokumentiert entsprechende Servicequalitäten bzw. Leistungsniveaus (Service Level) mit Serviceauftraggebern.

Serviceauftraggeber sind die Entscheider aus den geschäftsprozessverantwortlichen Fachabteilungen (*z. B. der Abteilung, die für das Auftragsmanagement verantwortlich ist*), die ihre Geschäftsanforderungen gegenüber dem Service Provider artikulieren und IT-Services (*z. B. den Betrieb der Auftragsmanagements-Applikation*) stellvertretend für Servicekonsumenten (*z. B. Mitarbeiter der Produktionssteuerung, Disposition, Lagerverwaltung oder Logistik*) beauftragen. Der Serviceauftraggeber nimmt die Rolle des Kunden ein; die Servicekonsumenten entsprechen den Nutzern (siehe auch Kapitel 1.2.10). Der Service Level Manager vertritt in Verhandlungen mit dem Serviceauftraggeber stellvertretend alle internen und externen Lieferanten, die in die Leistungserbringung eingebunden sind (»one face to the customer«). Organisatorisch stellt das Service Level Management eine Verbindungsrolle dar: Es gleicht die Anforderungen der Kunden mit den operativen Leistungsprozessen ab.

Der Service Level Manager verhandelt mit dem Serviceauftraggeber.

Häufig existiert ein fundamentaler Unterschied zwischen dem, was Serviceauftraggeber und Nutzer wollen, was sie tatsächlich benötigen und dem, was sie bereit sind zu zahlen. Service Provider müssen daraus

Erwartungssteuerung durch das Service Level Management

die notwendigen bzw. bezahlbaren Anforderungen antizipieren. Dem steht das Eigeninteresse gegenüber, das Angebot an Verfügbarkeiten bzw. vordefinierten Standardleistungspaketen und/oder margenstarken Angeboten auszurichten. Im Ergebnis ist es daher nicht verwunderlich, dass häufig eine hohe Unzufriedenheit beklagt wird.

Das Service Level Management zielt darauf ab, die Diskrepanz zwischen den Erwartungen auf der einen und der realisierten Servicequalität auf der anderen Seite durch eine Objektivierung zu reduzieren.

Das Service Level Agreement (SLA)[1] stellt eine verbindliche Leistungszusage des Service Providers an seine Kunden dar. Das SLA ist entweder Bestandteil des Servicevertrags[2] (bei externen Service-Providern) oder kommt diesem – bei internen oder Shared-Service-Providern – in seiner Funktion gleich. Zum Nachweis, dass die IT-Services im operativen Betrieb tatsächlich vereinbarungsgemäß geleistet wurden, mit anderen Worten, dass die Service Level eingehalten wurden, stellt das Service Level Management dem Kunden ein entsprechendes Monitoring sowie Reports zur Verfügung.

3.2.1   Ziele des Prozesses

Verbesserung der Servicequalität

Das Service Level Management zielt darauf ab, die Kundenzufriedenheit und das Vertrauen in die Servicequalität zu erhöhen. Dazu werden im ersten Schritt die zu erbringenden Leistungen vorab in Form von messbaren Leistungsparametern konkret definiert, dokumentiert und vereinbart. Diese Verbindlichkeit stellt sicher, dass beide Seiten, Service Provider und Kunde, von vergleichbaren Leistungserwartungen ausgehen können und sich die spätere Leistungswahrnehmung an definierten Größen orientiert. Im zweiten Schritt geht es für den Service Provider darum, das vereinbarte Serviceniveau auch tatsächlich zu leisten. Die operative Leistungserbringung wird dazu anhand der definierten Leistungsparameter gemessen und überwacht. Der resultierende Vergleich zwischen Soll und Ist dient einerseits dem Nachweis der Leistungserbringung gegenüber dem Kunden und andererseits – vor allem dort, wo die vereinbarten Service Level nicht eingehalten werden – der Identifikation von Optimierungspotenzialen.

---

1. Der Verfasser wählt in Anlehnung an den allgemeinen Sprachgebrauch den sächlichen Artikel, obwohl die direkte deutsche Übersetzung (»Vereinbarung«) die Verwendung des weiblichen Artikels anzeigen würde.
2. Ein Servicevertrag besteht in der Regel aus mehreren Komponenten. Ein Rahmenvertrag regelt übergreifende Rechte und Pflichten der Vertragsparteien (zum Beispiel Haftung, Zahlungsziele oder Pönale). Unter den Regelungen des Rahmenvertrags spezifizieren je nach Umfang der Leistungsbeziehung verschiedene SLAs das konkrete Leistungsspektrum.

An der Kundenschnittstelle ist das Service Level Management für das Beziehungsmanagement und die Kommunikation zum Serviceauftraggeber verantwortlich. Neben der Identifikation von neuen und zusätzlichen Anforderungen (Service Level Requirements, SLRs) stellt die Optimierung der Kundenzufriedenheit dabei die zentrale Herausforderung dar.

Beziehungsmanagement zum Kunden

3.2.2 Prozessaktivitäten

Die Prozessaktivitäten des Service Level Managements an der Kundenschnittstelle erstrecken sich von der Aufnahme der Anforderungen (Service Level Requirements) über die Vereinbarung von konkreten Leistungsvereinbarungen (SLA) bis hin zur laufenden Überwachung der Servicequalität (Service Level Report). Mit den leistungserbringenden Einheiten werden die mit den Kunden getroffenen Vereinbarungen über Operational Level Agreements und Underpinning Contracts spiegelbildlich abgesichert (vgl. Abbildung 3-5).

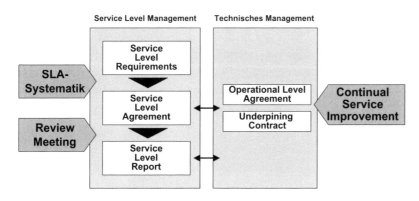

Abb. 3–5
Das Service Level Management im Zusammenhang

Entwicklung einer SLA-Systematik

Um den zuvor genannten Anforderungen zu genügen, muss ein SLA alle Leistungsaspekte adressieren, die zwischen Kunde und/oder Nutzer und Service Provider relevant sind. Dies umfasst typischerweise:

- Servicebeschreibung
- Umfang der Vereinbarung
  (*z. B. Benennung der Begünstigten, Standorte, Leistungsausschlüsse*)
- Servicezeiten
  (*z. B. 7 × 24 Stunden oder Montag–Freitag zwischen 7:00–20:00 Uhr*)
- Wartungsintervalle

- Verfügbarkeiten
  (*z. B. 99,75 % der Servicezeit minus Wartungsintervalle*)

- Service Level, eventuell einschließlich Leistungsoptionen
  (*z. B. SL Gold = Entstörung innerhalb von maximal zwei Stunden, SL Silber entspricht einer Netz-Downtime von maximal 30 Minuten pro Jahr*)

- Service-Level-Messpunkte
  (*z. B. Entstörungszeit = Dauer zwischen der Störungsmeldung beim Service Desk bis zur Erledigungsmeldung durch den Servicetechniker*)

- Kommunikationsprozesse

- Eingangskanäle und Ansprechpartner für das Eskalations- und Beschwerdemanagement

- Service Monitoring und Reporting
  (*z. B. in Form eines Musterreports*)

- Abrechnung/Verrechnung

SLA- und SLR-Muster
Die Aufstellung verdeutlicht, dass in der Regel viele standardisierte Inhalte in einem SLA festzuhalten sind. IT-Service-Provider arbeiten daher häufig mit Mustern und Formularen für SLAs und SLRs. In Abstimmung mit dem Servicekatalog-Management ist es sinnvoll, eine SLA-Struktur festzulegen und vorzugeben. Dabei kann mit Service-SLAs, Kunden-SLAs und mehrdimensionalen SLAs gearbeitet werden.

- **Service-SLAs**
  werden allgemeingültig für einen IT-Service formuliert (*z. B. Speicherservices*) und nach verschiedenen Leistungsniveaus (*z. B. Gold entspricht 500 GB, Silber entspricht 100 GB, Bronze entspricht 50 GB*) differenziert. Service-SLAs bieten sich vor allem für Standardservices an, deren Leistungsmerkmale sich mit wenigen Parametern beschreiben lassen.

- **Kunden-SLAs**
  sind Vereinbarungen mit individuellen Kundengruppen und decken alle Services ab, die diese nutzen (*z. B. ein SLA mit der Logistikabteilung deckt alle Applikationen ab, die für die Logistikabteilung betrieben werden*).

- **Mehrdimensionale SLAs**
  werden in der Regel nach organisatorischen Ebenen differenziert. In Konzern-SLAs werden Regelungen beschrieben, die für alle gelten (*z. B. Zugang zum Netzwerk*). Auf der nächsten Ebene lassen sich Geschäftsbereiche mit Kunden-SLAs und speziellere Vereinbarungen mit Service-SLAs abbilden.

Aufnahme und Dokumentation von neuen Serviceanforderungen

Der Service-Level-Management-Prozess im engeren Sinne beginnt mit der gemeinsamen Aufnahme der Serviceanforderungen (SLR) mit dem Serviceauftraggeber. Ein vordefiniertes SLR-Muster hilft, die Diskussion wählbarer Serviceoptionen zu strukturieren. Allerdings darf das »Korsett nicht zu eng geschnürt« werden, um Raum für Serviceanforderungen zu lassen, die durch den Servicekatalog bisher nicht abgedeckt sind. Die Erfahrung zeigt, dass es Serviceauftraggebern zuweilen nicht leichtfällt, ihre Vorstellungen in Bezug auf Leistungsanforderungen, Kapazität, Sicherheit, Verfügbarkeit u.Ä. präzise zu spezifizieren. Anfänglich ist häufig eine Tendenz zu höheren Anforderungen zu beobachten, was sich in späteren Verhandlungsrunden in Anbetracht der resultierenden Kosten nivelliert. Um unliebsame Überraschungen und ein Zurückrudern zu vermeiden, sind Leistungsversprechen, die der Service Level Manager dem Serviceauftraggeber gegenüber eingeht, vorher durch entsprechende Zusagen der produzierenden Einheiten des technischen Managements (OLA) und externen Zulieferern (UC) abzusichern. Es wird deutlich, dass der Abschluss eines Service Level Agreements zwangsläufig mehrere Iterationen und Abstimmungsrunden erfordert.

Spezifikation der Anforderungen nicht transparent

Messung der Serviceperformance

Für alle SLAs sind höchste Anforderungen in Bezug auf die Eindeutigkeit der Regelungen zu stellen. Eine Leistungsvereinbarung erfüllt nur dann ihren Zweck, wenn für beide Parteien die Leistungsverpflichtung eindeutig und ohne Interpretationsspielraum ersichtlich ist. Anfänglich begehen viele Service Level Manager den Fehler, SLAs bewusst schwammig zu formulieren, um gegenüber dem Serviceauftraggeber über einen flexiblen Argumentationsspielraum zu verfügen, falls die Leistungen nicht vereinbarungsgemäß erbracht werden. Zum einen tragen herauswindende Debatten mit dem Kunden selten zu dessen Zufriedenheit bei, zum anderen – und das wiegt viel schwerer – lassen sich auf Basis unklarer Leistungsvorgaben keine effizienten Leistungsprozesse steuern.

Leistungsvereinbarungen müssen eindeutig sein.

In einem Service Level Agreement sollten grundsätzlich nur IT-Services vereinbart werden, die sich auch messen lassen. Eine eindeutige und exakte Formulierung von SLAs schließt daher auch die Vereinbarung und Dokumentation der Messmethode für die SLA-Überwachung ein.

Nur messbare Leistungen im SLA aufnehmen

Ein Service Level für die Netzverfügbarkeit, der abends durch einen Ping auf die Leitung gemessen wird, korrespondiert nicht mit der Leistungswahrnehmung der Nutzer, die in Stoßzeiten über lange Reaktionszeiten aufgrund der zu geringen Bandbreite klagen.

Mitwirkungspflichten
dokumentieren

Ein weiterer wichtiger Aspekt sind die Mitwirkungspflichten des Kunden. Sie sollten analog zu den Verpflichtungen des Service Providers möglichst exakt und eindeutig spezifiziert und dokumentiert werden. Die Störungsbeseitigung vor Ort erfordert in der Regel die Anwesenheit des Nutzers, zumindest jedoch den Zugriff auf die betroffenen IT-Komponenten.

Meldet beispielsweise der Nutzer eine Störung und verabschiedet sich anschließend auf eine mehrtägige Geschäftsreise, so ist eine Wiederherstellung innerhalb von zwei Tagen nicht möglich, da der Servicetechniker keinen Zugang zum abgeschlossenen Büro des Nutzers hat.

Optimierung der Kundenzufriedenheit

Die Einhaltung von Service Level Agreements bedeutet nicht notwendigerweise, dass alle Kunden auch zufrieden sind. Die Zielsetzung des Service Level Managers in Bezug auf die Kundenzufriedenheit muss also über die Gewährleistung der SLA-Einhaltung hinausgehen.

Erwartungssteuerung
erhöht
Kundenzufriedenheit.

Der Schlüssel liegt in einer proaktiven Erwartungssteuerung bei den IT-Nutzern. Diese prägen ihre Erwartungen an ein erforderliches Leistungsniveau häufig situationsabhängig. Ein Nutzer, dessen PC-Arbeitsplatz gerade nicht funktioniert, hat grundsätzlich andere Vorstellungen über akzeptable Wiederherstellzeiten als ein Mitarbeiter, dessen Rechner noch nie ausgefallen ist. Je intransparenter die Leistungsvereinbarungen mit dem Service Provider in Bezug auf einen Service sind, desto höher ist die Bandbreite für eine situationsabhängige Erwartungsbildung durch den Nutzer.

Weniger problematisch ist die Erwartungsbildung, wenn für bestimmte Leistungsniveaus entsprechende Verrechnungspreise definiert sind, und den Nutzern die Preise – zum Beispiel durch Vorlage einer monatlichen Abrechnung – auch präsent sind. Nutzern, die für sich selbst einen Service Level Bronze ausgewählt haben, ist in der Regel klar, dass sie keine Gold-Leistung erwarten dürfen.

Die Zufriedenheit der Nutzer ergibt sich verkürzt aus der Formel:

Zufriedenheit = Wahrnehmung – Erwartung

Mit anderen Worten: Der Nutzer ist zufrieden, wenn er seine Erwartungen erfüllt sieht. In der Praxis werden die Möglichkeiten zur Erwartungssteuerung erheblich durch die Tatsache eingeschränkt, dass das
Service Level Management in der Regel mit Vertretern der Serviceauftraggeber verhandelt und keinen direkten Kommunikationskanal zu
den IT-Nutzern hat.

Eine weitere Schwierigkeit ist die eigentliche Feststellung der Kun   *Empirische Erhebung der*
denzufriedenheit. Sie bewegt sich in einem flexiblen Kontinuum von   *Kundenzufriedenheit*
unzufrieden über **nicht unzufrieden** bis hin zu **zufrieden**, d.h., es gibt
einen unscharfen neutralen Bereich zwischen Unzufriedenheit und
Zufriedenheit. Letztendlich lässt sich die Kundenzufriedenheit nur mithilfe empirischer Erhebungen (Befragungen, Interviews, Feedbackrunden, Reviews, Fragebögen etc.) ermitteln. Zusätzliche Anhaltspunkte lassen sich aus der systematischen Auswertung von Beschwerden gewinnen.

Überwachung und Optimierung nachgelagerter Servicevereinbarungen

Um die vereinbarungsgemäße Leistungserbringung zum Kunden abzu   *Zuliefernde*
sichern, schließt das Service Level Management korrespondierende   *Leistungserbringer*
Vereinbarungen mit internen Organisationseinheiten, sogenannte   *steuern*
Operation Level Agreements (OLAs), und externen Lieferanten,
Underpinning Contracts (UCs), ab. Dazu können aus dem technischen
Servicekatalog die für die Produktion des IT-Service erforderlichen
Einheiten und Prozesse identifiziert werden. Häufig sind zusätzliche
Festlegungen erforderlich, um die Service-Level-gerechte Leistungserbringung in den Regelprozessen sicherzustellen. Folgendes Beispiel
unterstreicht diesen Zusammenhang:

> *Für einen Geschäftsbereich wurde an einem bestimmten Standort
> eine Wiederherstellzeit für Arbeitsplatzsysteme von zwei Stunden
> als SLA vereinbart. Der Vor-Ort-Service hat einen Servicetechni
> ker und Ersatzgeräte vor Ort stationiert, da Fahrzeiten von außer
> halb eine Einhaltung des Service Levels unmöglich machen wür
> den. Der Incident-Prozess sieht die Störungsmeldung an einen
> zentralen Service Desk vor. Dieser verfügt über entsprechende
> Remote Tools, um einfache Störungen zu beheben. Da der Vor-
> Ort-Service für die Neuinstallation eines Rechners inklusive Wege
> zeiten mindestens eine Stunde benötigt und 15 Minuten Dispo
> sitionszeit erforderlich sind, muss die Störungsmeldung spätestens
> nach 45 Minuten vom Service Desk weitergegeben werden. Der
> Service Level einer Wiederherstellzeit von zwei Stunden resultiert
> demnach in drei OLAs, wobei dem Service Desk maximal
> 45 Minuten, der Disposition maximal 15 Minuten und dem Vor-
> Ort-Service maximal 60 Minuten zur Verfügung stehen.*

Erstellung von Service Reports

Darstellung der SLA-Einhaltung

Zusammen mit der Einführung und Freigabe von IT-Services sind entsprechende Monitoring-Verfahren und Messungen einzuführen, die eine Aussage über die Servicequalität im Sinne der Service-Level-Erfüllung erlauben. Das Service Level Management muss gemeinsam mit dem technischen Management eine Messmethodik für den Nachweis der Servicequalität an der Kundenschnittstelle (SLA-Einhaltung) und für die konstante Überwachung der internen Leistungszusagen (OLA-/UC-Einhaltung) abstimmen. Die SLA-Messmethodik muss Messpunkte und Messverfahren (*z. B. Zeitstempel und Schwellenwertüberschreitungen*), Intervalle sowie Berichtsformate festschreiben.

Durch entsprechende Soll-Ist-Vergleiche und Abweichungsanalysen lassen sich die Verletzungen von SLAs, OLAs und UCs feststellen und operative Schwachstellen aufdecken. Zur Beseitigung muss unter der Koordination des Service Level Managements gemeinsam mit der leistungserbringenden Einheit ein Optimierungsplan (Service Improvement Plan, SIP) erarbeitet und umgesetzt werden.

Etablierung der Kundenschnittstelle

Kunden mit Informationen zur SLA-Einhaltung versorgen

Zur Steigerung der Kundenzufriedenheit haben sich in der Praxis Service Level Reviewmeetings bewährt. In diesen werden die vorbereiteten SLA-Reports gemeinsam ausgewertet und interpretiert. Eine übersichtliche Aufbereitung des Datenmaterials (*z. B. durch die Verwendung von Drill-down-Optionen und/oder Ampeln*) erhöht die Lesbarkeit und reduziert die Wahrscheinlichkeit von Fehlinterpretationen.

Es ist davon abzusehen, dem Serviceauftraggeber Rohdaten zur Verfügung zu stellen, um daraus eigene SLA-Auswertungen und Reports zu erstellen. Trotz identischer Datenbasis kommen die beteiligten Parteien typischerweise zu unterschiedlichen Ergebnissen, und endlose Diskussionen sind die Folge. Das Service Level Management muss sich auf die Informationsbedürfnisse der IT-Kunden einstellen und mit den SLA-Reports vollständig abdecken.

Die Diskussion über die Servicequalität gemeinsam mit dem Kunden objektivieren

Die Service Level Reviewmeetings sind ein geeignetes Forum, um die Qualität der SLA-Reports in der Wahrnehmung der IT-Kunden sukzessive zu verbessern. Bei dauerhaftem Misstrauen in die Richtigkeit der vorgelegten Statistiken sollte das Service Level Management Audits ermöglichen, die Vertretern des Auftraggebers oder einer neutralen Instanz eine Überprüfung der datenliefernden Systeme erlauben.

Häufig steigt das Verständnis von Kunden für Service-Level-Verletzungen, wenn das Service Level Management zusammen mit den SLA-Reports einen detaillierten und kontrollierbaren Maßnahmenplan vorlegt, der auf die Beseitigung der identifizierten Schwachstellen abzielt (siehe dazu auch Kapitel 6).

3.2.3   Steuerung des Prozesses

Da das Service Level Management die SLA-Einhaltung gegenüber dem Kunden vertritt, muss die Steuerung des Prozesses zwangsläufig auch hier ansetzen. Mithilfe von Kennzahlen lassen sich

- Anzahl und Prozentsatz der eingehaltenen Service Level und deren Entwicklung im Zeitverlauf differenziert nach Kunden und/oder IT-Services und
- Anzahl und Prozentsatz der SLA-Verletzungen und deren Entwicklung im Zeitverlauf differenziert nach Kunden und/oder IT-Services

erheben. Mithilfe von Index-Definitionen lassen sich mehrere Service Level zu einem übergreifenden Indikator für die Servicequalität zusammenfassen. Allerdings repräsentieren diese Kenngrößen in der Regel die Leistungsfähigkeit des Service Providers als Ganzes. Zur Steuerung der Aktivitäten zum Service Level Management im engeren Sinne sind beispielsweise folgende KPIs geeignet:

- Anzahl und Prozentsatz der Services, für die aktuelle SLAs dokumentiert sind
- Anzahl und Prozentsatz der Services, die durch »gespiegelte« OLAs und UCs abgesichert sind
- Anzahl von durchgeführten Service Reviews
- Umsatz und Deckungsbeitrag der beauftragten IT-Services

3.2.4   Erfolgsfaktoren der Umsetzung

Die Abgabe eines Leistungsversprechens an den Kunden im Rahmen eines SLAs bedingt eine Abkehr von Bereitstellungsmodellen, die einzig und allein auf den Einsatz und die Motivation der Servicemitarbeiter vertrauen (Best-Effort-Prinzip). Solange jeder Mitarbeiter selbst entscheidet, welcher Serviceauftrag als Nächstes zu bearbeiten ist oder in welcher Reihenfolge welche IT-Services geleistet werden, ist die Serviceerbringung keiner direkten Steuerung zugänglich. Die Serviceorientierung der Mitarbeiter muss daher um

Abkehr vom Best-Effort-Prinzip

◌ konkret definierte Leistungserstellungsprozesse mit reproduzierba-
ren Prozessergebnis, d.h. IT-Services mit messbaren Qualitätsniveaus,

◌ an Prioritäten orientierte Personaldisposition und eine

◌ auslastungsorientierte Kapazitätsplanung

ergänzt werden, denn nur dadurch lässt sich eine Serviceproduktion
sicherstellen, deren Ergebnis als IT-Services im Rahmen eines SLAs
»versprechbar« ist. Aus dieser Perspektive ist die Implementierung der
anderen ITIL-Prozesse, die für die Sicherstellung einer Produktion von
IT-Services im genannten Sinne notwendig sind, eine wichtige Erfolgs-
voraussetzung für das Service Level Management.

Rolle des Serviceauftraggebers häufig nicht eindeutig definiert

Ein weiterer wichtiger Faktor für den Erfolg des Service Level
Managements ist der Serviceauftraggeber selbst. Die Umsetzung des
skizzierten Service-Level-Management-Prozesses ist auf die funktionierende Rolle des Serviceauftraggebers angewiesen. Diese ist für viele
(interne) Kundenbereiche entweder nicht eindeutig definiert (*z.B. zur
Festlegung der Servicezeiten für den Vor-Ort-Service für einen Standort, der von mehreren Geschäftsbereichen genutzt wird*), oder
Geschäftsbereichsvertreter sind nicht in der Lage, den Bedarf von Servicekonsumenten eindeutig zu spezifizieren, weil sie ihn nicht kennen
oder ein Konsolidierungsprozess für heterogene Anforderungen fehlt.
Wenn der Serviceauftraggeber ein niedriges Qualitätsniveau beauftragt, um Kosten zu sparen (*z.B. Verzicht auf die Bereitstellung von
Ersatzgeräten*), diesen Umstand aber nicht an die betroffenen Servicekonsumenten kommuniziert, resultiert die Gefahr einer allgemeinen
Nutzerunzufriedenheit, die dann häufig auf den Service Provider über-
tragen wird.

Gefühlte Servicequalität

Bei der Beurteilung der Servicequalität durch die IT-Kunden sieht
sich der Service Level Manager häufig mit Diskussionen konfrontiert,
die an der gefühlten Servicequalität ansetzen und mit konkreten Störungen oder einzelnen Service-Level-Verletzungen in Zusammenhang
gebracht werden. Eine seriöse Bewertung der vom Provider geleisteten
Servicequalität ist jedoch nur durch SLA-Auswertungen möglich und
sollte auf die demonstrative Akzentuierung von ausgewählten Service-
Level-Verletzungsepisoden verzichten.

> *Der Serviceauftraggeber kam schon mit rotem Kopf in das monat-
> liche Service Reviewmeeting und polterte gleich los: »Ich hatte
> gerade einen sehr unangenehmen Anruf vom Bereichsleiter Mus-
> termann. Er ist sehr unzufrieden und wartet schon seit drei Tagen
> auf seinen bestellten Laptop.« (Als Service Level für die Bereitstel-
> lung von Standardkomponenten aus dem Warenkorb sind zwei*

*Arbeitstage vereinbart.) »Das ist doch wieder ein eindeutiger Beleg
für die dürftige Qualität, die Sie hier abliefern.« Der Service Level
Manager recherchierte den Fall nach dem Meeting umgehend und
stellte fest, dass der Bereichsleiter unbedingt eine Dockingstation
haben wollte, die nicht zum Standardlieferumfang zählt und daher
extra beschafft werden musste.*

Das Service Level Management muss die Service Level Reviewmeetings
dazu nutzen, zu einer gemeinsamen und an sachlichen Kriterien ausgerichteten Bewertung der Servicequalität zu kommen. Eine Vielzahl von
Eskalationen weist auf grundsätzliche Defizite in den bestehenden Vereinbarungen hin. Die Ursachen sollten im Einzelfall geklärt werden,
um die Nutzerzufriedenheit zu verbessern.

3.3 Capacity Management

Zweck	▪ proaktive Kapazitätsplanung der IT-Infrastruktur
wichtige Aktivitäten	▪ Business Capacity Management ▪ Service Capacity Management ▪ Component Capacity Management ▪ Bedarfsmanagement ▪ Modellierung und Application Sizing
Methoden/ Tools	▪ statistische Verfahren zur Bedarfsvorhersage
Output	▪ optimale Kapazitätsauslastung, Vermeidung von Engpässen, proaktive Kapazitätserweiterungen
Bewertung	▪ Die Überwachung der Kapazität ist eine Kernaufgabe. Der Aufwand und der notwendige Institutionalisierungsgrad steigen proportional mit der Komplexität der IT-Infrastruktur.
Beispiel	▪ Durch die geplante Akquisition eines Tochterunternehmens und die Entscheidung zur Integration in das bestehende Netz sind an einem Standort 45 Server zusätzlich zu betreiben. Nach der Analyse der Applikationen wird hochgerechnet, zu welchen Zeiten welche zusätzlichen Bandbreiten erforderlich sind.

Das Capacity Management für IT-Services erstreckt sich über den gesamten IT-Service-Lebenszyklus. Da jedoch wesentliche Rahmenbedingungen auch für die spätere Kapazitätsauslastung in der Gestaltungsphase festgelegt werden, findet sich der Prozess im Modul Service Design.

3.3.1 Ziele des Prozesses

Innerhalb von ITIL hat das Capacity Management sicherzustellen, dass stets die »richtige« Kapazität von IT-Services und daraus abgeleitet von IT-Ressourcen zur Verfügung steht. Richtig bedeutet hier, dass stets ausreichende Kapazitäten zur Verfügung stehen, die vorhandenen Kapazitäten ausgelastet sind sowie adäquate Sicherheitsreserven existieren. Das Capacity Management zielt auf eine kostenoptimale Nutzung von IT-Ressourcen. Kritische CIs, die für die Leistungserstellung von besonderer Bedeutung sind, werden durch das Capacity Management im Hinblick auf Leistung und Kapazität überwacht (*z. B. Antwortzeiten, Netzauslastung und Bandbreite*). Die Unter- oder Überschreitung definierter Schwellenwerte signalisiert, wo der Kapazitätsmanager aktiv werden muss.

Mit der Ermittlung des effektiven Kapazitätsbedarfs unterstützt das Capacity Management auch andere ITIL-Prozesse:

Incident Management und Problem Management
(*Störungen, die auf eine zu geringe Bandbreite zurückzuführen sind*)

Change Management
(*Ist eine Erweiterung der Bandbreite notwendig, weil weitere Nutzer hinzukommen?*)

Service Level Management
(*Abschätzung, ob die Anforderungen mit den vorhandenen Kapazitäten abgedeckt werden können bzw. in welchem Umfang neue Kapazitäten erforderlich sind*)

Um frühzeitig Kapazitätsengpässe zu identifizieren und zu vermeiden, müssen Anforderungen und Angebot proaktiv miteinander in Einklang gebracht werden. Dazu benötigt das Kapazitätsmanagement einen umfassenden Einblick in die Unternehmensstrategie und die daraus resultierenden Serviceanforderungen.

Proaktive Orientierung erforderlich

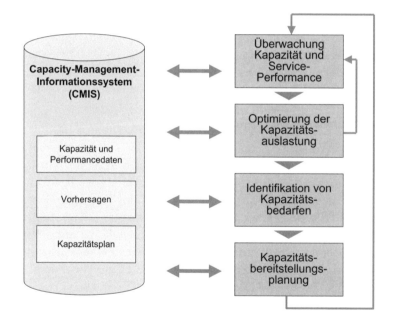

Abb. 3–6
Der Capacity-Management-Prozess (OGC: Service Design (2007), S. 82)

3.3.2   Prozessaktivitäten

Das Capacity Management überwacht Kapazitäten und Auslastungen sowie den aktuellen Output an Serviceleistungen und Servicequalitäten. Wenn trotz optimierter Kapazitätsauslastung Engpässe verbleiben, werden neue Bedarfe dimensioniert und deren Bereitstellung geplant. Die aktuelle Kapazitätsplanung, Vorhersagen und Kapazitätsauswertungen werden im Capacity-Management-Informationssystem

(CMIS) abgelegt, das unter der Kontrolle des Change und Configuration Managements verwaltet wird.

Business Capacity Management

Anforderungen der Geschäftsprozesse

Dieser Subprozess setzt an den Ergebnissen der Strategie- und Geschäftsbereichsplanung an und leitet daraus die Service- und Kapazitätsanforderungen an die IT-Infrastruktur ab. Damit wird sichergestellt, dass die Geschäftsanforderungen quantifiziert, dokumentiert, konzipiert, geplant und rechtzeitig implementiert werden. Das Capacity Management erstellt dazu Kapazitätsvorhersagen und greift dabei auf Prognosen, Hochrechnungen und Trendanalysen zurück.

> *Aus der Anzahl der Kunden, die über eine Webschnittstelle gleichzeitig Kundenaufträge aufgeben, lässt sich beispielsweise eine durchschnittliche Systemauslastung ermitteln. Diese kann in einer Wachstumsphase, in der das Auftragsvolumen steigt, dazu genutzt werden, proaktiv die Webserver-Kapazitäten an die steigenden Kundenzahlen anzupassen, um eine Verschlechterung der Reaktionszeiten zu vermeiden. Das Business Capacity Management analysiert das Transaktionsvolumen (Anzahl Anfragen, Aufträge, Sendungen, Buchungen etc.) auf der Ebene von Geschäftsprozessen.*

Service Capacity Management

Identifikation von Kapazitätsengpässen

Das Service Capacity Management setzt an den dokumentierten Serviceanforderungen (SLR) und den vereinbarten SLAs an und überprüft, ob sich die resultierenden Anforderungen mit den bestehenden Kapazitäten der IT-Infrastruktur erfüllen lassen. Dies erfordert eine konstante Überwachung der Leistungserbringung. Das Capacity Management wertet alle SLA-Reports systematisch aus und identifiziert, wo Service-Level-Verletzungen auf Kapazitätsengpässe zurückzuführen sind. Im Fokus steht also die Auslastung der IT-Services.

> *Die Verschlechterung der Service-Level-Einhaltung im Service Desk (Annahme eines Calls in weniger als 15 Sekunden) lässt sich beispielsweise auf die Erhöhung der Anrufe zu einer bestimmten Stoßzeit zurückführen. Zu diesen Spitzenbelastungen reichen die vorhandenen Kapazitäten nicht aus und müssen daher aufgestockt werden.*

Component Capacity Management

Überwachung der IT-Komponenten

Das Component Capacity Management ist auf die Auslastungskontrolle einzelner IT-Komponenten gerichtet (*z.B. Netzwerkbandbreite,*

CPU- und Speicherkapazitäten). Innerhalb von Service Operation werden dazu in der Regel automatische Überwachungssysteme für wichtige technische Komponenten eingesetzt, die für die Produktion der IT-Services verwendet werden. Bei einem Überschreiten von definierten Auslastungsgrenzen und Schwellenwerten werden entsprechende Systemmitteilungen erstellt (siehe auch Abschnitt 5.2, Event Management). Das Component Capacity Management wertet diese aus und entscheidet, welche Maßnahmen zur Beseitigung eventuell existierender Engpässe zu ergreifen sind.

Bedarfsmanagement

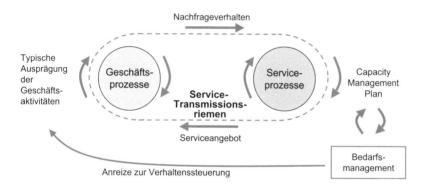

Abb. 3–7

Die Beeinflussung des Nachfrageverhaltens durch das Capacity Management (OGC: Service Design (2007), S. 85)

Im Bestreben, eine optimale Kapazitätsauslastung zu erzielen, reduziert sich das Capacity Management nicht nur auf das proaktive Erkennen des Kapazitätsbedarfs, die rechtzeitige Kapazitätsbereitstellung und das Beseitigen von Kapazitätsengpässen. Mit dem Bedarfsmanagement zielt das Capacity Management auch auf die aktive Beeinflussung des Nutzerverhaltens mit dem Ziel einer kapazitätsminimierenden Belastung der zur Verfügung stehenden IT-Infrastruktur.

Beeinflussung des Nutzerverhaltens

> *Stellt der Capacity Manager beispielsweise eine Netzüberlastung fest, die typischerweise täglich (aber ausschließlich) zwischen 10:00 und 12:00 Uhr auftritt, so gilt es zunächst Maßnahmen zu prüfen, die die Überlast auf andere Zeiten verteilen. Ähnlich ist die Meldung, dass die Speicherkapazität zu 90% ausgeschöpft ist, nicht notwendigerweise ein Signal dafür, die entsprechenden Kapazitäten automatisch aufzustocken, sondern in Bezug auf das Archivierungsverhalten bei Nutzern und Kunden nachzusteuern.*

Eine enge Verzahnung von Serviceangebot und Servicenachfrage, wie in Abbildung 3–7 verdeutlicht, schafft die Basis für die Optimierung der Kapazitätssteuerung durch das Bedarfsmanagement.

Modellierung und Application Sizing

Um das Kapazitätsverhalten (Modellierung) und den Ressourcenbedarf von Anwendungen (Application Sizing) abschätzen zu können, bedient sich das Capacity Management analytischer Verfahren. Folgende Techniken stehen dabei im Vordergrund:

- Trendanalysen
  (Hochrechnungen auf Basis von Servicedaten)
- analytisches Modellieren
  (Entwicklung von mathematischen Modellen zur Prognose
  (*z. B. der Antwortzeiten*))
- Simulation
  (*z. B. Entwicklung der Antwortzeiten in Abhängigkeit von bestimmten Hardwarekonfigurationen*)
- Baselining
  (Schaffung einer funktionierenden Arbeitsumgebung; Beobachtung der Auswirkungen durch gezielte Veränderungen, *z. B. Verdopplung des Transaktionsvolumens*)

Die grundsätzliche Herausforderung bei der Modellierung besteht darin, das Wirkungsgefüge der Kapazitätsdeterminanten in seiner Entstehung und Entwicklung offenzulegen und in die frühen Phasen des Service Designs zu integrieren (»Quality must be built in«).

3.3.3   Steuerung des Prozesses

Zur Überwachung der Effizienz und Effektivität des Capacity Managements sind folgende KPIs geeignet:

- Vorhersagegenauigkeit des Kapazitätsplans
- Anzahl und Prozentsatz von Incidents, die aus nicht vorhergesehenen Kapazitätsengpässen resultieren
- Kapazitätsauslastung
- Entwicklung der Kapazitätsaufwendungen im Zeitablauf
- Umfang von Pufferressourcen

3.3.4   Erfolgsfaktoren der Umsetzung

Die Bedeutung des
Capacity Managements
wird unterschätzt.

Das Capacity Management knüpft mit seinen Planungen direkt an die Unternehmensstrategie und die resultierenden Geschäftsprozesse an. Jedoch räumen die Verantwortlichen der strategischen Geschäftsfeldplanung den Auswirkungen auf die IT-Kapazitäten in der Regel einen sehr geringen Stellenwert ein. So ist es nicht verwunderlich, dass die frühzeitige Verzahnung des Service Designs und der Kapazitätsplanung mit den Business-Plänen der Geschäftsfelder, die das Fundament für eine effiziente Kapazitätsplanung bildet, bis heute eher die Ausnahme als die Regel ist. Dieses Problem verschärft sich für externe IT-Service-Provider. Je besser das Verständnis der Kapazitätsmanager für die Geschäftsprozesse der IT-Kunden ist, desto eher sind sie in der Lage, sichere Kapazitätsvorhersagen abzuleiten.

3.4 Availability Management

Zweck	■ Sicherstellung der maximalen Verfügbarkeit von IT-Services
wichtige Aktivitäten	■ Ableiten von reaktiven Maßnahmen ■ Ableiten von proaktiven Maßnahmen
Methoden/ Tools	■ keine
Output	■ Transition-Master-Plan, Release und/oder Change-Projektpläne
Bewertung	■ Der Prozess hat maßgebliche Auswirkungen auf die Kundenzufriedenheit. Er deckt die Ursachen für häufige Service-Level-Verletzungen auf und definiert Optimierungsmaßnahmen.
Beispiel	■ Durch die Analyse von Netzwerk-Incidents werden drei Router identifiziert, die häufiger als andere ausfallen. Der Availability Manager veranlasst ihren Austausch.

Die Verfügbarkeits-anforderungen wachsen stetig.

Nur wenige Funktionsbereiche in einem Unternehmen entwickeln sich so rasant wie die IT. Dies führt zwangsläufig dazu, dass alte und neue Lösungen nebeneinander existieren und über Schnittstellen miteinander kommunizieren müssen. Es ist eher Dynamik als Stabilität, die den IT-Alltag prägt. Zudem werden immer mehr Geschäftsprozesse zu einem immer höheren Grad durch IT unterstützt. Insgesamt resultiert hieraus eine schwer überschaubare Komplexität, gepaart mit einer hohen Abhängigkeit von der Verfügbarkeit der IT-Infrastruktur.

Ein Logistikunternehmen, das täglich 1.500 Ein- und Auslagerungen im Zentrallager hat, ist nicht mehr arbeitsfähig und erleidet einen immensen Schaden, wenn das Bestandsverwaltungssystem ausfällt.

Das Availability Management ist dafür verantwortlich, dass IT-Services im notwendigen Umfang verfügbar sind.

3.4.1 Ziele des Prozesses

Effiziente Gewährleistung der Verfügbarkeit

Der Availability-Management-Prozess zielt darauf ab, die Verfügbarkeit und Zuverlässigkeit aller IT-Services entsprechend ihrem derzeitigen und zukünftigen Bedarf kosteneffizient sicherzustellen. Dazu ist zunächst die Verfügbarkeit permanent zu überwachen und an den im Servicekatalog und in den SLAs vereinbarten Qualitätsniveaus zu messen. Weiterführende Ziele sind:

■ die Erstellung und Aktualisierung eines Availability-Plans, aus dem die aktuellen und zukünftigen Verfügbarkeitsanforderungen hervorgehen, sowie die Unterstützung anderer IT-Service-Management-Prozesse in allen Fragen, die mit der Verfügbarkeit zusammenhängen.

Das Availability Management hat eine proaktive und reaktive Dimension. Mit der Beauftragung eines IT-Service haben die IT-Kunden einen Anspruch auf die jederzeitige Verfügbarkeit des Service.

Hundertprozentige Verfügbarkeit mit Standardprozessen zu aufwendig

> *Kein Patient beispielsweise würde schließlich einen Pflegedienst akzeptieren, der im Durchschnit nur jeden zweiten Tag überhaupt und nur jeden dritten Tag pünktlich erscheint.*

Auf der anderen Seite ist jedem Dienstleistungsexperten wohl bewusst, dass Störungen nicht zu vermeiden sind und eine hundertprozentige Verfügbarkeit nicht bzw. nur zu extrem hohen Kosten zu gewährleisten ist. Unabhängig davon, ob eine SLA-Verletzung vorliegt oder nicht, muss das Availability Management auf Störungen reagieren und dafür Sorge tragen, dass die Verfügbarkeit mit höchster Priorität wiederhergestellt wird. Die Art und Weise, in der dies geschieht, ist ein entscheidender Ausdruck der Professionalität eines IT-Service-Providers und hat entscheidenden Einfluss auf die Nutzer- und Kundenzufriedenheit. Die proaktive Komponente des Availability Managements ist auf Maßnahmen ausgerichtet, die die Ausfallwahrscheinlichkeit von IT-Komponenten oder deren Auswirkungen auf die Verfügbarkeit verringern.

3.4.2   Prozessaktivitäten

Reaktive Maßnahmen

Als Bestandteil von SLA und OLA wird die Verfügbarkeit von IT-Komponenten durchgehend im Hinblick auf das Erreichen der Zielwerte überwacht. Dazu stellt das Availability Management entsprechende Metriken zur Verfügung, die die Verfügbarkeit (bzw. Nichtverfügbarkeit) in einem bestimmten Zeitintervall sowie die Frequenz von Störungen und Unterbrechungen messen (siehe Abb. 3–8).

Messung der Verfügbarkeit

Abb. 3–8

Messung der
Verfügbarkeit

$$\textbf{Verfügbarkeit} = \frac{\text{Servicezeit - Ausfallzeit}}{\text{Servicezeit}} \times 100\ \%$$

$$\begin{array}{c}\textbf{Zuverlässigkeit}\\ \text{MTBSI in (h)}\end{array} = \frac{\text{Betriebszeit (h)}}{\text{Anzahl Unterbrechungen}}$$

$$\begin{array}{c}\textbf{Zuverlässigkeit}\\ \text{MTBF in (h)}\end{array} = \frac{\text{Betriebszeit (h) - Ausfallzeit}}{\text{Anzahl Unterbrechungen}}$$

$$\begin{array}{c}\textbf{Wartbarkeit}\\ \text{MTRS in (h)}\end{array} = \frac{\text{Ausfallzeit}}{\text{Anzahl Unterbrechungen}}$$

- **Verfügbarkeit**
  Zur Messung der Verfügbarkeit einer Komponente, eines CI oder eines IT-Service wird häufig das Verhältnis zwischen der tatsächlichen Verfügbarkeitszeit und der vereinbarten Verfügbarkeitszeit verwendet.

- **Zuverlässigkeit**
  Diese Kennzahl bildet ab, wie lange ein Service, eine Komponente oder ein CI ohne Unterbrechung funktioniert. Dabei kann sowohl die Brutto-Betriebszeit (Mean Time Between Service Incidents, MTBSI) als auch die Netto-Betriebszeit (Mean Time Between Failure, MTBF) verwendet werden.

- **Wartbarkeit**
  Hierbei handelt es sich um eine Kennzahl, die misst, wie schnell und effektiv ein Service, eine Komponente oder ein CI nach einer Störung wieder betriebsfähig ist (Mean Time To Restore Service, MTRS). Die durchschnittliche Ausfallzeit ist von der gängigen MTTR (Mean Time To Repair) zu unterscheiden, die durch den Fokus auf die Komponente lediglich die Reparaturzeit betrachtet, nicht jedoch, wann der Service für den Nutzer wieder verfügbar ist.

Servicefähigkeit

Die Fähigkeit eines externen Lieferanten, seine vertraglich dokumentierten Leistungen zu erbringen. In der Regel schließt dies die
Vereinbarung von Verfügbarkeiten, Zuverlässigkeit und Wartbarkeit mit ein.

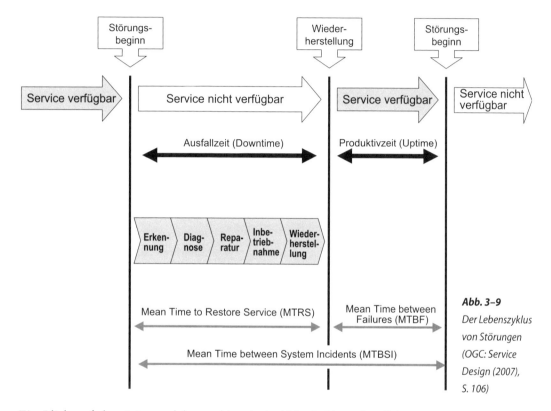

Abb. 3–9
*Der Lebenszyklus
von Störungen
(OGC: Service
Design (2007),
S. 106)*

Ein Blick auf den Störungslebenszyklus (vgl. Abb. 3–9) verdeutlicht
den Zusammenhang zwischen den beschriebenen Messgrößen. Während der Ausfallzeit ist es angebracht, die verschiedenen Phasen der
Entstörung (Erkennung, Diagnose, Reparatur, Inbetriebnahme, Wiederherstellung) getrennt zu erfassen, um zu identifizieren, in welchen
Phasen Zeitreserven existieren.

*Identifikation von
Zeitreserven*

*Ein File-Server, der beispielsweise seit zwei Stunden ausgefallen ist
und ohne weitere Aktivitäten nach einem Reboot wieder fehlerfrei
funktioniert, deutet auf Prozessschwächen in den Erkennungs-
und Diagnosephasen hin. Durch zeitnahes Einleiten dieser ein-
fachsten Entstörungsaktivität wäre die Beeinträchtigung der Verfügbarkeit erheblich geringer ausgefallen.*

Die Lebenszyklusanalyse von Störungen kann als analytisches Raster genutzt werden, um die Prozesse hinsichtlich ihrer Verfügbarkeit und eine schnellstmögliche Wiederherstellung zu optimieren.

Fokus auf technische Verfügbarkeit nicht ausreichend

Die bisher vorgestellten, traditionellen Messgrößen der Verfügbarkeit, die sich an der technischen Verfügbarkeit orientieren, reichen jedoch nicht aus, um die Leistungsanforderungen mit den Serviceauftraggebern zu koordinieren. Wenn ein IT-Service zur Unterstützung eines Geschäftsprozesses nicht planmäßig verfügbar ist, ist es für den Auftraggeber des IT-Service unerheblich, welche Komponente nicht funktioniert. Der Service wird in seiner Gesamtheit wahrgenommen. Dementsprechend muss das Availability Management mit einem End-to-End-Monitoring und End-to-End-Reporting der Verfügbarkeit ansetzen, um die Nutzer- und Kundenwahrnehmung der IT-Service-Qualität abzubilden. Einflussfaktoren der Qualitätswahrnehmung sind dabei:

- Häufigkeit der Ausfallzeiten
- Dauer der Ausfallzeiten
- Auswirkungen der Ausfallzeit

Kundenperspektive berücksichtigen

Die Messung der technischen Verfügbarkeit sollte daher um Messgrößen erweitert werden, die diese Kundenperspektive der Verfügbarkeit berücksichtigen. ITIL bietet in diesem Zusammenhang zwei Ansätze an, die an den Auswirkungen der fehlenden Verfügbarkeit der Geschäftsprozessunterstützung ansetzen:

- Ausfall-Nutzerminuten (Ausfallzeit multipliziert mit der Anzahl der betroffenen Nutzer)
- Anzahl verhinderter Transaktionen (Anzahl der Geschäftstransaktionen, die während der Ausfallzeit nicht ausgeführt werden konnten)

Die Minimierung der negativen Konsequenzen von Störungen für IT-Kunden und -Nutzer ist ein Gestaltungsmerkmal, welches das Availability Management bereits frühzeitig in die Phase der Serviceentwicklung einbringen muss. Im Detail sind folgende Fragen in der Gestaltungsphase zu stellen:

- Über welchen minimalen Funktionsumfang muss der IT-Service verfügen, um als verfügbar zu gelten?
- Ab welchen Antwortzeiten gilt der Service als nicht verfügbar?
- Wie sollen Funktionsumfang und Antwortzeiten gemessen werden?
- Wie wirkt sich der Ausfall an einer bestimmten Lokation auf die Gesamtverfügbarkeit aus?

Mithilfe dieser Anforderungen muss das Availability Management gemeinsam mit den Serviceauftraggebern das notwendige Verfügbarkeitsniveau mit den resultierenden Kosten der Verfügbarkeitsabsicherung und den resultierenden Opportunitätskosten von Ausfallzeiten in Einklang bringen.

Notwendiges Verfügbarkeitsniveau bestimmen

Die Kosten zur Verfügbarkeitssicherung steigen mit zunehmendem Verfügbarkeitsgrad exponentiell. Ab einem bestimmten Grad ist Verfügbarkeit beispielsweise nur noch durch den Aufbau und den Betrieb einer redundanten IT-Infrastruktur möglich. Eine hohe Verfügbarkeit ist demnach nicht kostenlos zu bekommen. Auf der anderen Seite kann jedoch auch Nichtverfügbarkeit erhebliche Zusatz- oder Opportunitätskosten verursachen, wie das Beispiel des ausgefallenen Bestandsverwaltungssystems gezeigt hat.

Proaktive Maßnahmen

Zur nachhaltigen Sicherung der notwendigen Verfügbarkeit sind die zuvor beschriebenen reaktiven Maßnahmen allein nicht ausreichend. Durch proaktive Analysen ist das Availability Management bestrebt, das Risiko und die Konsequenzen von ungeplanten Ausfällen weiter zu verringern.

Reduktion des Risikos

Ein erster Ansatzpunkt sind die Identifikation und Festlegung der strategischen Kernprozesse und ihrer elementaren Funktionen (Vital Business Functions, VBF), die das Availability Management gemeinsam mit den Verantwortlichen in den Fachabteilungen abstimmt.

Für einen Händler, der seine Waren primär über das Internet vertreibt, stellt das webgestützte Auftragsmanagement zweifellos einen solchen strategischen Kernprozess dar. Bei genauerer Analyse wird deutlich, dass die Funktion der sicheren Auftragseingabe und Zahlung durch die Nutzer erfolgskritisch ist und damit zu den VBFs zählt. Die Nichtverfügbarkeit der Anzeigemöglichkeit der Vertragshistorie durch die Nutzer hingegen stellt zwar eine Einschränkung dar, die in der Regel jedoch nicht als erfolgskritisch einzustufen ist.

Das proaktive Availability Management konzentriert seine Aktivitäten auf VBFs. Dabei lassen sich zwei grobe Stoßrichtungen unterscheiden: die frühzeitige Berücksichtigung von Verfügbarkeitsanforderungen im Service Design (Designing for Availability) sowie vorbereitende Maßnahmen für eine schnellstmögliche Wiederherstellung (Designing for Recovery).

Designing for Availability:

Nach der Ermittlung der VBFs sind technische und zeitliche Verfügbarkeitsanforderungen (*z. B. ein durchgängiger Betrieb*), Fehlertoleranzen, verfügbare Wartungsfenster u. Ä. abzustimmen und festzulegen. In diesem Prozess werden vorhandene sowie potenzielle technische Möglichkeiten und resultierende Kosten mit den Anforderungen in einem iterativen Prozess abgeglichen. Das Availability Management generiert daraus Anforderungen an die Entwicklung neuer IT-Services:

* Spezifikation der Anforderungen in Bezug auf Verfügbarkeit, Zuverlässigkeit und Wartbarkeit von Komponenten und Services
* Festlegung von Messpunkten
* Anforderungen an Tools, Systeme und Service-Management-Prozesse
* finale Freigabe von Servicekonzepten in Bezug auf Verfügbarkeitsanforderungen
* Einsatz fehlertoleranter Technologien
* Spiegelung von Komponenten der IT-Infrastruktur
* Entwicklung von Zuverlässigkeitstests
* Festlegung von Wartungsaktivitäten, Wartungsplänen und Präventionsmaßnahmen
* vorbeugende Maßnahmen zur Vertragserfüllung von externen Lieferanten

Designing for Recovery

Um im Falle von Störungen die Verfügbarkeit von IT-Services und IT-Komponenten, die zur Unterstützung von VBFs eingesetzt werden, so schnell wie möglich wiederherstellen zu können, muss das Availability Management vorbereitende Maßnahmen treffen. Im Rahmen einer proaktiven Wiederherstellungsplanung sollten gemeinsam mit den Auftraggebern Maßnahmen festgelegt werden, um im Falle von Störungen die Auswirkungen auf ein Minimum zu reduzieren. Mögliche Aktivitäten umfassen zum Beispiel:

* die frühzeitige Kommunikation mit definierten Ansprechpartnern des Auftraggebers
* Auswirkungsanalysen möglicher System-, Komponenten- und Serviceausfälle (Component Failure Impact Analysis (CFIA), Single Point of Failure Analysis (SPoF), Fault Tree Analysis (FTA) usw.)
* Erstellung und Abstimmung eines Kommunikations- und Aktionsplans, der die Verantwortlichkeiten und Vorgehensweisen bei Ausfällen elementarer Komponenten und Services beschreibt

- Bereithaltung von Ersatzkomponenten
- Priorisierung von entsprechenden Incidents im Service Desk und beim Incident Management

3.4.3   Steuerung des Prozesses

Folgende KPIs stehen zur Steuerung des Availability Managements zur Verfügung:

- Entwicklung der Nichtverfügbarkeit von Services und Komponenten im zeitlichen Ablauf
- Entwicklung der Zuverlässigkeit von Services und Komponenten im zeitlichen Ablauf
- Anzahl der Ausfälle und Ausfallzeiten von Services und Komponenten im zeitlichen Ablauf
- Prozentsatz der SLA-, OLA- und UC-Verletzungen, deren Ursachen identifiziert und beseitigt wurden
- Prozentsatz der End-to-End-Verfügbarkeit von Services
- Entwicklung von MTBF, MTBSI und MTRS im zeitlichen Ablauf
- Kosten von Nichtverfügbarkeit

3.4.4   Erfolgsfaktoren der Umsetzung

Zusammenfassend besteht die Herausforderung des Availability Managements darin, die vereinbarte Verfügbarkeit zu optimalen Kosten bereitzustellen und im Falle von ungeplanten Ausfällen möglichst schnell und professionell zu reagieren. Oberstes Ziel ist, die Auswirkungen von Nichtverfügbarkeit auf Geschäftsprozesse zu minimieren. Das Availability Management muss dem Serviceauftraggeber verdeutlichen, dass hundertprozentige Verfügbarkeit nicht einkalkuliert werden kann, sondern zusätzliche Kosten verursacht. Das Ausmaß an erforderlicher Absicherung ist vor dem Hintergrund

Auswirkungen von Nichtverfügbarkeit minimieren

- des Ausfallrisikos,
- der möglichen Auswirkungen des Ausfalls,
- der Möglichkeit zur Gewährleistung einer schnellen Wiederherstellung
- und der Kosten zur Absicherung der Verfügbarkeit

gemeinsam zwischen Serviceauftraggeber und Service Provider zu bestimmen. Da Abteilungsinteressen (Fachabteilung wünscht Sicherheit; IT-Abteilung fordert minimale Kosten) aufeinanderprallen und ein hundertprozentiges Verfügbarkeitsniveau ohne Weiteres objektiv nicht erreichbar ist, müssen eine übergreifende Perspektive und Augenmaß sinnvolle Lösungen sicherstellen. Dazu sind gegebenenfalls mehrere Abstimmungsrunden und regelmäßige Reviews der Entscheidungen notwendig. Das Ergebnis dieses Abstimmungsprozesses ist zu dokumentieren.

3.5   Continuity Management

Zweck	▪ Vorbereitung auf den Katastrophenfall
wichtige Aktivitäten	▪ Initiierung ▪ Entwickeln einer IT-Service-Continuity-Management-(ITSCM-)Strategie ▪ Implementierung ▪ Integration in den laufenden Betrieb
Methoden/ Tools	▪ keine
Output	▪ ITSCM-Master-Plan, der die Vorgehensweise und Verantwortlichkeiten beim Vorliegen eines Notfalls spezifiziert
Bewertung	▪ Der in der Praxis wohl am häufigsten vernachlässigte Prozess: sehr komplexe technische Verfahren. Er ist in Anbetracht der Bedeutung der IT für die Geschäftsprozesse unabhängig von der Größe des Service Providers obligatorisch.
Beispiel	▪ Ein Finanzdienstleister erstellt täglich eine Sicherheitskopie seiner Kunden- und Vertragsdatenbank, die zusätzlich in einem Rechenzentrum im Ausland gespiegelt wird.

Steckbrief Continuity Management

Die Betrachtungsebene des zuvor behandelten Availability Managements ist die Sicherstellung der Verfügbarkeit einzelner Services und IT-Komponenten. Das ITSCM fasst diese Betrachtung etwas weiter und stellt die Frage: Welche Auswirkungen sind eigentlich zu erwarten, falls gar kein IT-Service mehr zur Verfügung steht? Mit anderen Worten: Das ITSCM zieht den Katastrophenfall in Betracht. Als Bestandteil eines übergreifenden Katastrophenplans (Business Continuity Plan) definiert das ITSCM IT-bezogene Aktivitäten, die ergriffen werden müssen, um den ordnungsgemäßen Geschäftsbetrieb möglichst schnell wiederherzustellen (Disaster Recovery).

Eine große Schwierigkeit des ITSCM besteht darin, dass der Katastrophenfall im Voraus kaum einer einheitlichen Definition zugänglich ist. Was eine Katastrophe definiert und demnach durch einen anderen Prozess als das Incident Management abgewickelt werden muss, unterscheidet sich von Unternehmen zu Unternehmen. In bestimmten Fällen hat bereits der Ausfall einer Netzverbindung (*beispielsweise für eine Bank, die kurzfristige Termingeschäfte tätigt*) ruinöse Folgen. In anderen Fällen lassen sich IT-Komponenten relativ leicht wieder aufbauen; hier muss nur der unwiederbringliche Verlust von Kunden-, Konstruktions- oder Transaktionsdaten und ähnlichen Daten um jeden Fall verhindert werden.

Was ist eine Katastrophe?

Die Auswirkungen von Katastrophen, zum Beispiel die Nichtverfügbarkeit eines Geschäftsprozesses, die Nichterfüllung von Gesetzesauflagen, hohe finanzielle Verluste oder auch Imageverluste, haben je nach Situation sowie Anzahl und Größe der betroffenen Standorte sehr unterschiedliche Folgen für ein Unternehmen.

Abb. 3–10

Ursache und Wirkung

von Katastrophen

Ursache

- Langfristige Stromausfälle
- Naturkatastrophen
  - Erdbeben
  - Überschwemmungen
  - Rohrbruch
  - Brand
  - Explosionen
  - Sturm
- Terroristische Anschläge
- Sabotage
- Virenattacken
- ...

Wirkung

- Gefährdung von Personen
- Verletzung von gesetzlichen Auflagen, Gesundheits- und Sicherheitsbestimmungen
- Umsatzausfälle
- Zusätzliche Kosten
- Imageverlust
- Wettbewerbsnachteile
- Marktanteilsverluste
- Datenverluste
- ...

Die in Abbildung 3–10 dargestellte Aufzählung zeigt, dass die Ursachen und Auswirkungen von Katastrophen vielfältig und heterogen sind. Bei diesen Ereignissen handelt es sich aufgrund der üblichen Auswirkungen in der Regel unstrittig um Katastrophen.

3.5.1   Ziele des Prozesses

Systematische Wiederherstellung im Katastrophenfall

Das ITSCM hat zum Ziel, IT-Services im Katastrophenfall in einer vereinbarten Zeit wiederherzustellen. Dies erfordert die Erstellung und Pflege von ITSCM- und Wiederherstellungsplänen (in Abstimmung mit einem unternehmensweiten Kontinuitätsmanagement). Mithilfe von Risikoanalysen sind Ausfallrisiken in ihren Auswirkungen auf die Geschäftsprozesse quantitativ abzuschätzen. Um die technische Wiederherstellbarkeit zu gewährleisten, sind entsprechende Voraussetzungen zu identifizieren (*z. B. redundante Systeme*) und zu etablieren. Die Vorteile einer solchen proaktiven Vorbereitung auf einen eventuellen Katastrophenfall sind offensichtlich:

- Eine Wiederherstellung ist möglich.
- Die Wiederherstellung erfolgt in einem definierten Zeitraum und zu vorab kalkulierten Kosten.
- Die Unterbrechungen und Auswirkungen auf die Geschäftsprozesse werden minimiert.

3.5.2 Prozessaktivitäten

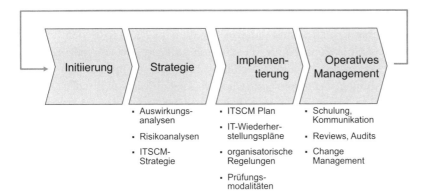

Abb. 3–11

Der Ablauf des ITSCM

Initiierung des ITSCM

Die Einführung eines ITSCM erfordert zunächst eine übergreifende Entscheidung für ein proaktives Katastrophenmanagement und die Bereitschaft, Mittel dafür bereitzustellen. ITSCM ist nicht aus dem laufenden IT-Budget zu finanzieren. In Unternehmen, in denen diese Voraussetzungen nicht gegeben sind, muss der CIO entsprechende Rahmenbedingungen schaffen.

Verankerung im unternehmensweiten Katastrophen-management

Das Unternehmen respektive die IT-Organisation muss Ziele, Umfang und Aufgaben des ITSCM festlegen, notwendige Ressourcen zur Verfügung stellen und Budgets freigeben. Auf Basis dieser Anforderungen kann ein entsprechendes Einführungsprojekt personell ausgestattet, geplant und freigegeben werden.

Die Entwicklung einer ITSCM-Strategie

Bevor Maßnahmen zur Risikoreduktion und Wiederherstellungsoptionen als konstituierende Merkmale der ITSCM-Strategie festgelegt werden können, müssen die grundsätzlichen Anforderungen auf Basis einer Auswirkungs- und Risikoanalyse spezifiziert werden (siehe Abb. 3–12).

Auswirkungs- und Risikoanalyse

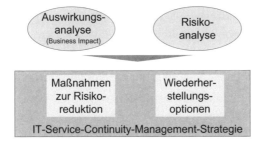

Abb. 3–12

Die ITSCM-Strategie

Im Rahmen der **Auswirkungsanalyse** wird festgestellt, welchen Schaden der Ausfall eines Geschäftsprozesses verursacht (zu den möglichen Wirkungen siehe auch Abb. 3–10). Die grundsätzlichen Konsequenzen möglicher Ursachen sind in Bezug auf die konkret betroffenen Lokationen, Produkte, Gebäude, Produktionsanlagen usw. zu spezifizieren. Dabei ist zu beachten, dass sich die Auswirkungen mit der Zeit verändern können. Computerviren, die sich über E-Mails verbreiten, haben eine eskalierende Wirkung. Der kurzfristige Ausfall der Telefonanlage beispielsweise wirkt sich nur für die Dauer der Störung aus. Über eine bestimmte Zeit lässt sich der Ausfall einiger IT-Systeme eventuell auch durch manuelle Tätigkeiten überbrücken.

Wie sieht der minimale Grad an Funktionsfähigkeit aus?

Aus Kostengesichtspunkten beschränkt sich die Auswirkungsanalyse auf die kritischen IT-Services. Ansatzpunkte sind die VBFs, deren unterstützende IT-Services als Bestandteil des Availability Managements dokumentiert und in die für die Serviceerbringung notwendigen technischen Komponenten zerlegt sind. In vielen Fällen reicht bereits die Wiederherstellung dieser elementaren Funktionen aus, um eine grundsätzliche Arbeitsfähigkeit zu gewährleisten. Die Einschätzung, worin dieser minimale Grad an Funktionsfähigkeit liegt, variiert typischerweise innerhalb der Organisation. In diesem Zusammenhang ist es durchaus sinnvoll, verschiedene Perspektiven (*z. B. unterschiedliche Führungsebenen oder Funktionsbereiche*) zu berücksichtigen.

Die **Risikoanalyse** schafft die Grundlage für die Abschätzung, mit welcher Wahrscheinlichkeit Katastrophen eintreten und welches Bedrohungspotenzial von ihnen ausgeht. Grundsätzlich existiert ein Spannungsfeld zwischen der Eintrittswahrscheinlichkeit und den tatsächlichen Auswirkungen (siehe Abb. 3–13).

Eintrittswahrscheinlichkeit und Auswirkungen

Auf Basis derartiger Risikoprofile kann das ITSCM beispielsweise entscheiden, welche Risiken aufgrund ihrer geringen bis mittleren Eintrittswahrscheinlichkeit und der geringen Auswirkungen grundsätzlich akzeptabel sind und welche Präventionsmaßnahmen in anderen Fällen zu ergreifen sind.

Im Ergebnis wird durch die Auswirkungs- und Risikoanalyse festgelegt, welche IT-Services welche Priorität für das Unternehmen haben. Für unverzichtbare Services liegt der Schwerpunkt auf präventiven Maßnahmen (Risikoreduktion); in anderen Fällen liegt der Schwerpunkt auf Vorkehrungen für eine schnelle Wiederherstellung.

Zu den möglichen Maßnahmen zur **Risikoreduktion** zählen:

- eine unterbrechungsfreie Stromversorgung
- ein Daten-Backup
- Datenspiegelungen an physisch getrennten Standorten

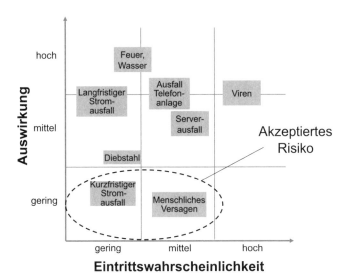

Abb. 3–13
ITSCM-Risikoprofil

der Einsatz von RAID-Systemen
(redundante Anordnung unabhängiger Festplatten)

das Vorhalten von Ersatzkomponenten

die Eliminierung von Single Points of Failure
(*z. B. die Installation einer zweiten Netzanbindung oder die
Bereitstellung eines Generators*)

das Auslagern von Services an mehrere Leistungserbringer

physische Zugangskontrollen

IT-basierte Zugriffskontrollen

der Einsatz von Feuermeldern und automatischen Löschanlagen

In Bezug auf die Wiederherstellung legt das ITSCM ausgehend von den Ergebnissen der Auswirkungs- und Risikoanalyse fest, mit welcher Priorität welche Geschäftsprozesse in welchem Umfang wiederhergestellt werden müssen und welche Ressourcen für die einzelnen Phasen der Wiederherstellung erforderlich sind. Das ITSCM unterscheidet folgende Wiederherstellungsoptionen, die den ausgewählten IT-Services zuzuordnen sind:

*Wiederherstellungs-
optionen*

manuelle Umgehungslösungen
(*z. B. eine zeitweilige Dokumentation auf Papier*)

eine wechselseitige Absicherung
(*Organisationen mit vergleichbarer IT-Infrastruktur stellen sich
beispielsweise für den Katastrophenfall gegenseitig Kapazitäten zur
Verfügung*)

- eine sukzessive Wiederherstellung, auch **Cold Standby** genannt: Schaffung der Voraussetzungen, damit der Betrieb innerhalb von wenigen Tagen wieder hochgefahren werden kann (*z. B. Vorhalten eines »leeren« Rechenzentrums an einem bestimmten Standort*)

- eine unmittelbare Wiederherstellung, auch **Warm Standby** genannt: Schaffung der Voraussetzungen, damit der Betrieb innerhalb von wenigen Stunden wieder hochgefahren werden kann (*z. B. Vorhalten eines mobilen Rechenzentrums*)

- eine sofortige Wiederherstellung, auch **Hot Standby** genannt: Schaffung der Voraussetzungen, damit der Betrieb sofort wieder hochgefahren werden kann (*z. B. System- und Datenspiegelungen, sodass unmittelbar von einem auf ein anderes Rechenzentrum umgeschaltet werden kann*)

- eine Kombinationen aus den oben genannten Optionen

Implementierung

Disaster-Recovery-Plan   Auf der Basis der Festlegungen, die im Rahmen der ITSCM-Strategie getroffen wurden, gilt es, die resultierenden Maßnahmen in einem konkreten Plan zu dokumentieren und alle Vorkehrungen für die Umsetzung (insbesondere der Präventionsmaßnahmen) zu treffen. Die Verantwortung für die Aufstellung und Pflege liegt beim ITSCM-Manager.

Der ITSCM-Plan beschreibt, wie das Krisenmanagement im Katastrophenfall konkret abzulaufen hat. Inhaltlich umfasst dies:

- wer nach welchen Kriterien entscheidet, ob ein Katastrophenfall vorliegt,
- wer im Wiederherstellungsprozess welche Aufgaben und welche Verantwortungen hat,
- wann welche Maßnahmen durch wen zu ergreifen sind,
- wer wann und wie zu informieren ist,
- an welchen Orten sich welche Daten, Systeme, Rechner, Ersatzgeräte usw. befinden.

Benennung des Notfallmanagers   Um den ITSCM-Plan im Katastrophenfall zeitnah umsetzen zu können, sind eine Reihe von organisatorischen Regelungen notwendig, die vor Eintreten des Notfalls geregelt werden müssen. Eine der wichtigsten ist die Bestimmung des Notfallmanagers (Manager on Duty), der beim Eintreten eines Notfalls den Notfallprozess einleitet und die planmäßige Abarbeitung des Plans überwacht. Durch eine Rufbereitschaft und Vertretungsregelungen ist sicherzustellen, dass ein Notfallmanager im Bedarfsfall rund um die Uhr erreichbar ist.

Aufgrund der Besonderheit der Situation und der Komplexität lässt sich die Qualität von Notfallplänen nur selten analytisch überprüfen. Vielmehr sind regelmäßige Tests und Übungen erforderlich, um die beteiligten Personen mit den notwendigen Maßnahmen vertraut zu machen und die festgelegten Verfahren in Hinblick auf deren Funktionsfähigkeit zu prüfen.

ITSCM im laufenden IT-Betrieb

Je effektiver das ITSCM funktioniert, desto geringer ist die Wahrscheinlichkeit, dass der Notfallplan umgesetzt werden muss. Aufgrund der geringen Eintrittswahrscheinlichkeit genießt die Vorbereitung auf Katastrophenfälle in vielen Organisationen eine sehr geringe Priorität. Vor diesem Hintergrund muss das ITSCM konkrete Schulungs- und Kommunikationsmaßnahmen ergreifen, sodass die Mitarbeiter im Bedarfsfall über ausreichende Kenntnisse verfügen, um den Wiederherstellungsprozess umsetzen zu können. Dazu ist es dringend erforderlich, den ITSCM-Plan ständig zu aktualisieren und die notwendigen Vorkehrungsmaßnahmen zu auditieren. Der ITSCM-Plan unterliegt den Regelungen des Change Managements. Dies bedeutet, dass jede Änderung an der IT-Infrastruktur auch in ihren Auswirkungen auf den Notfallplan berücksichtigt werden muss.

Laufende Pflege nicht vernachlässigen

3.5.3 Steuerung des Prozesses

Der grundsätzlich präventive Charakter des Prozesses erlaubt nur eine indirekte Steuerung und Effizienzkontrolle. Die Qualität des Prozess-Outputs bestimmt sich durch die Qualität der Pläne, die sich wiederum nur im konkreten Anwendungsfall beurteilen lässt. Der Umfang des ITSCM-Plans sowie die Häufigkeit von Schulungen, Planaktualisierungen, Tests und Audits stellen Merkmale für die Effizienz des Prozesses dar.

3.5.4 Erfolgsfaktoren der Umsetzung

Das Bewusstsein für die Notwendigkeit einer koordinierten Vorgehensweise bei Notfällen durch vorbereitende Planungen ist häufig nicht besonders ausgeprägt und entsteht zumeist erst, wenn eine Katastrophe ein Unternehmen trifft und ein immenser Schaden entstanden ist. Die Effizienz von Notfallmaßnahmen steigt erheblich, wenn die Geschäftsprozessverantwortlichen und der ITSCM-Manager gemeinsam über notwendige Maßnahmen entscheiden. Dies betrifft sowohl die Effektivität der Maßnahmen als auch die resultierenden Kosten.

Nur der proaktive Umgang mit Katastrophen ist effektiv.

Häufig existieren akzeptable manuelle Umgehungslösungen, die teure IT-basierte Sicherungssysteme überflüssig machen.

Ein effektives ITSCM reduziert sich nicht auf die einmalige Ausarbeitung eines Notfallplans. Aufgrund der üblichen Dynamik wäre dieser im Bedarfsfall zwangsläufig veraltet und unbrauchbar. Nur wenn das ITSCM als Prozess etabliert und verstanden wird, ist ein effektiver Schutz vor den Auswirkungen einer Katastrophe gewährleistet.

3.6   Information Security Management

Zweck	■ Sicherstellung eines IT-Grundschutzes, Gewährleistung von Datenschutz und Informationssicherheit
wichtige Aktivitäten	■ Definieren eines Sicherheitskonzeptes ■ Vorgeben von Sicherheitsrichtlinien ■ Durchführen von Kontrollen ■ Reagieren auf Sicherheitsverletzungen
Methoden/ Tools	■ Verschlüsselung, Passwortvergaben, Virenschutz, physische Zugangskontrollsysteme
Output	■ IT-Sicherheitskonzept
Bewertung	■ Die Berücksichtigung der IT-Sicherheit wurde aus Gründen der Vollständigkeit in das ITIL-Framework integriert; sie beschränkt sich auf elementare organisatorische Aspekte. Technische Aspekte der IT-Sicherheit sind eine eigenständige Disziplin.
Beispiel	■ Die Server der Entwicklungsabteilung wurden von Unberechtigten »angezapft«, und es wurden vertrauliche Messdaten kopiert. Ein Mitarbeiter hatte eigenmächtig ein Shareware-Remote-Access-Tool installiert, um bestimmte Arbeiten am Wochenende von zu Hause aus erledigen zu können.

Steckbrief
Information Security
Management

Durch die IT-Unterstützung von Arbeitsabläufen und die weiter zunehmende Digitalisierung von Informationen wird ein immer größeres Datenvolumen digital gespeichert und über Netze zugänglich gemacht. Damit steigt auch das Gefährdungspotenzial durch eine unsachgemäße Verwendung dieser Informationen. Kein Unternehmen kann es sich heute schon aufgrund der gesetzlichen Vorschriften und der resultierenden Haftungsrisiken noch leisten, Aspekte der Informationssicherheit und des IT-Grundschutzes[3] zu ignorieren. IT-Security ist als Bestandteil der Corporate Governance zu definieren. Innerhalb des ITIL-Standards definiert das Information Security Management die elementaren prozessualen Anforderungen. Eine inhaltliche Beschreibung der Schutzmechanismen und Schutzverfahren ist allerdings nicht enthalten.[4]

Steigendes
Gefährdungspotenzial

---

3.   Das »Bundesamt für Sicherheit in der Informationstechnik« gibt IT-Grundschutz-Kataloge heraus, die viele Unternehmen als Fundament für ihre Sicherheitskonzepte nutzen. Siehe: www.bsi.bund.de/
4.   zur Vertiefung vgl. Brunnstein (2006), BSI (2006), Möhrike/Teufel (2006)

3.6.1   Ziele des Prozesses

Ableitung von
Maßnahmen zum Schutz
von Informationen

Der Information-Security-Management-(ISM-)Prozess leitet die IT-Sicherheitsanforderungen aus

- Compliance-Anforderungen
  (*z.B. Bundesdatenschutzgesetz, BASEL II, SOX*),
- gesetzlichen Vorschriften (*z.B. HGB, KonTraG*) und
- den Sicherheitsrichtlinien des Unternehmens

ab und definiert notwendige Maßnahmen zum Schutz von Informationen, d.h. Daten, Datenbanken und Metadaten. Der ISM-Prozess erstreckt sich auf die Gewährleistung der Vertraulichkeit, Vollständigkeit und Integrität von Informationen. Welche Informationen speziell zu schützen sind, legt das Information Security Management zusammen mit den Geschäftsverantwortlichen und Serviceauftraggebern im Rahmen des SLM fest.

Durch die Formulierung von an den Geschäftsanforderungen ausgerichteten IT-Sicherheitsrichtlinien und deren Überwachung schafft das Security Management einen IT-Grundschutz.

Der ISM-Prozess zeichnet für die bedarfsgerechte Handhabung aller Sicherheitsaspekte sämtlicher IT-Services und der Service-Management-Aktivitäten verantwortlich.

Abb. 3–14
IT-Security-Konzept

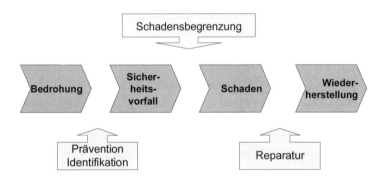

Übergreifende Perspektive
erforderlich

Ein erfolgreiches IT-Security-Konzept muss sich auf das gesamte Wirkungsgefüge von Sicherheitsbeeinträchtigungen erstrecken (siehe Abb. 3–14). Dies beginnt bei der Identifikation von Bedrohungspotenzialen, erstreckt sich über die Formulierung von Präventionsmaßnahmen bis hin zur Wiederherstellung des Ausgangszustands. Eine frühzeitige Identifikation von Sicherheitsvorfällen (*z.B. durch Virenscanner, Intruder-Detection-Systeme*) ermöglicht das Ergreifen von effektiven Maßnahmen zur Schadensbegrenzung (*z.B. Sperrung des Zugangs bei unerlaubten Zugriffen*). Beim Auftreten von Sicherheitsverletzungen muss der entstandene Schaden schließlich beseitigt und der betroffene IT-Service wiederhergestellt werden.

3.6.2 Prozessaktivitäten

Die Anforderungen an die Informationssicherheit sind durch die Verbreitung des Internets sprunghaft gestiegen. Im Zeitalter offener Netze kommt daher den Nutzungsrechten von Systemen sowie dem Zugriffsschutz auf Daten eine besondere Bedeutung zu. Das Security Management formuliert in diesem Zusammenhang Richtlinien, die typischerweise folgende sicherheitsrelevante Bereiche erfassen:

Nutzungsrechte und Zugriffsschutz

- Nutzung von Service Assets
- Voraussetzungen für den Zugriff auf das Unternehmensnetzwerk
- Regelungen zur Passwortvergabe
- Nutzungsvorschriften für E-Mail und Internet
- Virenschutz
- Vertraulichkeitsklassifikationen
  (*z. B. von Dokumenten oder Laufwerken*)

Zum Schutz dieser Bereiche nutzt das ISM eine Reihe von Sicherheitsmaßnahmen aus verschiedenen Kategorien:

prozessuale Sicherheitsmaßnahmen
(*z. B. Sperrung des Zugangs nach n-maliger Falscheingabe des Passwortes*)

physikalische Sicherheitsmaßnahmen
(*z. B. Zutrittskontrolle (Nummerncode) zum Rechenzentrum, Zugriffskontrolle durch Fingerabdruckscanner, Securecard*)

technische Sicherheitsmaßnahmen
(*z. B. Virenschutz, Firewalls*)

personelle Sicherheitsmaßnahmen
(*z. B. Verfahrensanweisungen, Schulungen der IT-Mitarbeiter*)

Ein Sicherheitskonzept, das sich mit isolierten Maßnahmen begnügt, ist selten effektiv. Ein umfassender Grundschutz ist nur durch ein integratives Sicherheitskonzept zu gewährleisten. Je früher notwendige Sicherheitsvorkehrungen bei der Konzeption von IT-Services berücksichtigt werden, desto höher ist die Wahrscheinlichkeit, dass sich diese kosteneffizient umsetzen lassen.

Im Betrieb muss die Einhaltung der Sicherheitsvorschriften laufend überprüft werden. Im Falle von gravierenden Sicherheitsverletzungen muss das ISM detaillierte Untersuchungen einleiten, um Klarheit über

Laufende Kontrolle der Richtlinienkonformität

die Ursachen zu gewinnen und notwendige Präventionsmaßnahmen für die Zukunft abzuleiten.

3.6.3 Steuerung des Prozesses

Sicherheit nicht messbar

Die Mechanismen zur Steuerung des Security Managements sind innerhalb des ITIL-Frameworks nicht sehr ausgeprägt. Die eigentliche Schwierigkeit liegt in der Tatsache begründet, dass sich Sicherheit als Prozess-Output nicht messen lässt. Prozesskennzahlen setzen daher an der Abbildung von Sicherheitsverletzungen an:

- Anzahl und Entwicklung von Sicherheitsverletzungen, die an den Service Desk gemeldet wurden
- Umfang der Einhaltung von sicherheitsrelevanten SLAs
- Anzahl und Entwicklung von Sicherheitsverletzungen, die im Rahmen von Audits und Überprüfungen entdeckt wurden

3.6.4 Erfolgsfaktoren der Umsetzung

Bedrohung von innen

Die erfolgreiche Implementierung eines Sicherheitskonzepts steht und fällt in der Regel mit der Unterstützung des Managements. Jedes Unternehmen benötigt ein IT-Sicherheitskonzept, das an den Geschäftsanforderungen ausgerichtet und mit der Sicherheitspolitik des Unternehmens abgestimmt ist. Ein effektiver Schutz ist aufgrund der Vielfältigkeit und der Abhängigkeit zwischen den notwendigen Maßnahmen nur zu erreichen, wenn die Maßnahmen aufeinander abgestimmt sind und die betroffenen Personen die Vorschriften akzeptieren und bereit sind, diese einzuhalten. In Untersuchungen wird regelmäßig festgestellt, dass das größte Bedrohungspotenzial in Bezug auf die IT-Sicherheit von den Mitarbeitern innerhalb der Organisation ausgeht. Nach wie vor ist das Bewusstsein für IT-Sicherheit bei Mitarbeitern und Führungskräften nicht genügend ausgeprägt. Durch stetige Kontrollen und Aufklärungen wird die Bereitschaft gefördert, Sicherheitsvorkehrungen einzuhalten.

> *Mitarbeiter, die eigenmächtig einen nicht gesicherten WLAN-Router installieren, um in Besprechungsräumen oder bei schönem Wetter außerhalb des Werksgebäudes einen Netzzugang zu haben, sind sich der Bedrohung, die durch dieses Verhalten entsteht, häufig nicht bewusst.*

3.7   Supplier Management

Zweck	▪ Sicherstellung von anforderungsgerechten Zulieferungen von externen IT-Lieferanten
wichtige Aktivitäten	▪ Kategorisieren ▪ Beurteilen und Auswählen ▪ Vertragsmanagement ▪ Leistungssteuerung
Methoden/ Tools	▪ Vertragsdatenbank
Output	▪ eindeutig definierte Leistungsbeziehungen
Bewertung	▪ Mit zunehmendem Outsourcing von IT-Leistungen gewinnt der Prozess stetig an Bedeutung. Spiegelbild zum Service Level Management (Provider = Serviceauftraggeber); er ist unabhängig von der Größe des Service Providers relevant.
Beispiel	▪ Ein global operierendes Unternehmen kündigt in allen Ländern die Verträge mit den lokalen Anbietern und entscheidet sich für die Zusammenarbeit mit einem Provider, der das globale Netz aus einer Hand bereitstellt. Neben Kosteneinsparungen und einer verbesserten Qualität hat das Unternehmen nun eine höhere Transparenz aufgrund der Standard-Reports des Providers.

Steckbrief
Supplier Management

Das Lieferantenmanagement ist auf die Steuerung und optimale Integration externer Lieferanten in den Prozess der Serviceerstellungsaktivitäten ausgerichtet. Wie bei den anderen Elementen des Service Designs auch, kommt es darauf an, die Besonderheiten des Supplier Managements frühzeitig in allen Phasen der Servicegestaltung und -erbringung zu integrieren.

Analog zu anderen Unternehmensfunktionen hat die Verringerung der Wertschöpfungstiefe[5] auch vor der IT nicht haltgemacht. CIOs müssen regelmäßig hinterfragen, auf welche Wertschöpfungsaktivitäten die IT-Organisation ihre Ressourcen konzentriert und welche durch Outsourcing kostengünstiger bereitgestellt werden können. Ein wesentlicher Antrieb für die zunehmende Auslagerung von Wertschöpfungsaktivitäten ist die hohe Dynamik innerhalb der IT. Die stetig zunehmende Spezialisierung und die technische Komplexität in Verbindung mit Ressourcenmangel und Budgetdruck machen es immer schwieriger, den Anforderungen der Geschäftsstrategie mit State-of-the-Art-Lösungen begegnen zu können. Externe Service Provider realisieren Synergiepotenziale (insbesondere Skaleneffekte) aus der Bündelung mehrerer Kunden und können standardisierbare IT-Services häufig günstiger produzieren. Bei entsprechender Gestaltung der Verträge lassen sich zusätzlich Fixkosten variabilisieren. Interne Provider und

Steigende Bedeutung
durch Outsourcing

---

5.   vgl. zur Vertiefung Ribbers et al. (2006), Hodel et al. (2006)

Shared Service Provider verlagern das Auslastungsrisiko dann auf den externen Provider und zahlen für Leistungen nach Inanspruchnahme.

Zielkonflikt bei Rationalisierungs- innovationen

Die Erfahrungen der vergangenen Jahre haben allerdings gezeigt, dass das Auslagern von IT-Aktivitäten nicht ohne Risiko ist. Um sich vor verdeckten Kosten zu schützen und die Qualität der Leistungserbringung adäquat kontrollieren zu können, ist es in Outsourcing-Verträgen dringend erforderlich, den Leistungsumfang möglichst spezifisch zu dokumentieren. Je eindeutiger die Leistungsverpflichtungen definiert sind, desto geringer sind die Anreize für externe Service Provider, ihre eigene Umsatzbasis dadurch zu »kannibalisieren«, dass sie ihren Kunden innovative Lösungen anbieten, die zu erheblichen Rationalisierungen und Kosteneinsparungen führen. Die Beziehung zwischen Outsourcing-Geber und Outsourcing-Nehmer ist durch einen Zielkonflikt zwischen Leistungseffizienz (Kosten, Qualität) und notwendiger Innovationsorientierung geprägt. Ein Ungleichgewicht zu Gunsten der Leistungseffizienz führt zu einseitiger Abhängigkeit vom externen Lieferanten.[6]

3.7.1   Ziele des Prozesses

Aktive Steuerung der Vertragsbeziehung

Die erfolgreiche Subbeauftragung von kompletten IT-Services oder bestimmten Leistungskomponenten bedarf einer aktiven Steuerung der Vertragsbeziehung. In diesem Zusammenhang verfolgt das Supplier Management folgende Ziele:

- Schaffung der konzeptionellen Grundlagen für die strategische Steuerung von Lieferantenbeziehungen (Vertragsdatenbank, strategische Priorisierung von Lieferanten)
- Auswahl von Lieferanten und Abstimmung des Leistungsumfangs mit den Anforderungen der Geschäftsprozesse
- Verhandlung und Vereinbarung von Verträgen (Definition von Service Level)
- Überwachung und Optimierung der Leistungserbringung und Vertragserfüllung (Ableiten von Beurteilungskriterien, Zuordnen von Vertragsverantwortlichen)
- Vertrags- und Beziehungsmanagement mit Lieferanten über den gesamten Lebenszyklus (Reviews, Change Management, Terminierung)

Das Supplier Management hat eine Reihe von Schnittstellen zu anderen Organisationseinheiten (*beispielsweise zum Einkauf, zur Rechts-*

---

6.   In einer Online-Umfrage der Zeitschrift CIO (www.cio.de) aus dem Jahr 2007 werteten 77 % von 1.157 Befragten den Verlust von Know-how als größtes Risiko beim Outsourcing.

abteilung oder zum Finanzbereich), die zur Einhaltung von unternehmensinternen und unternehmensexternen Regularien (Compliance) zwingen.

3.7.2 Prozessaktivitäten

Kategorisierung der IT-Lieferanten

Jeder Provider sollte die Steuerung seiner Lieferanten flexibel gestalten und an deren strategische Bedeutung ausrichten. Der Aufwand für ein umfangreiches Beziehungsmanagement oder die Erarbeitung eines komplexen Vertragswerks lässt sich nur für wichtige Lieferanten rechtfertigen. Ein hohes Beschaffungsvolumen, die Lieferung von IT-Services mit kritischer Verfügbarkeit, die Langfristigkeit der Liefer- und Leistungsbeziehung oder besondere Risikofaktoren sind Kennzeichen für strategische Lieferanten. Das andere Ende des Spektrums markieren C-Teile-Lieferanten, die Standardkomponenten von geringem Wert liefern (z. B. *Kabel, Stecker, Druckerkartuschen*). Das Supplier Management muss Kriterien für die Kategorisierung der Lieferanten festlegen. Für jede Kategorie sind in Abhängigkeit von ihrer relativen Bedeutung unterschiedlicher Prozessvarianten zu gestalten.

Konzentration auf wichtige Lieferanten

Beurteilung und Auswahl von IT-Lieferanten

Die Kriterien, die bei der Auswahl von IT-Lieferanten zu beachten sind, unterscheiden sich nicht grundsätzlich von denen anderer Wertschöpfungsbereiche (z. B. *Qualität, Preis, Kapazitäten, Verfügbarkeit, Referenzen, Kreditwürdigkeit, Unternehmensgröße, Stellung im Wettbewerb, Innovationskraft*). Dies gilt auch für Risikoanalysen, die gegebenenfalls zu der Entscheidung führen, parallel mit mehreren Lieferanten zusammenzuarbeiten, um Ausfallrisiken und/oder andere Abhängigkeiten zu verringern. Je nach Lieferantenkategorie sind Prozesse erforderlich, die die Beurteilung und Auswahl der IT-Lieferanten steuern. Zu regeln sind typischerweise:

Prozessdifferenzierung nach Kategorien

für welche Art von Lieferantenbeziehung ein Business Case zu erstellen ist,
wann Ausschreibungsunterlagen anzufertigen sind,
wann alternative Angebote eingeholt werden müssen,
welche Art von Standardklauseln und Vertrags- und Zahlungskonditionen zu berücksichtigen sind und
welche Mitzeichnungspflichten zu erfüllen sind.

Strategische Partnerschaften mit Lieferanten

In der Vergangenheit wurde die Auswahlentscheidung häufig durch die ausschließliche Betrachtung der beiden Kriterien Preis und Qualität dominiert. Bei strategischen Lieferanten, die als integraler Bestandteil in die Wertschöpfungsprozesse eingebunden sind, greift diese Betrachtung in der Regel jedoch zu kurz. Vielmehr ist ein Beziehungsmanagement erforderlich, welches auf allen Ebenen der beteiligten Organisationen zu verankern ist. Folgende Merkmale zeichnen strategische Partnerschaften mit Lieferanten aus:

- strategische Abstimmung (Kompatibilität der Geschäftskultur (Qualität, Werte, Ziele, Strategien)
- operative Integration (Abstimmung der Leistungsprozesse)
- Kommunikation und Informationsaustausch
- Vertrauen zwischen den Organisationen und den Personen, die sie vertreten
- kollektive Verantwortung (für Leistungsergebnisse und deren zukünftige Entwicklung)
- faire Verteilung von Risiken und Chancen (*z. B. bei Investitionen und Rationalisierungsprojekten*)

Qualitätsverbesserungen durch Integration in das Wertschöpfungsnetzwerk

Je besser der Lieferant also in der Lage ist, sich auf die spezielle Situation und die Anforderungen der beauftragenden IT-Abteilung einzustellen, desto höher ist der mögliche Nutzen. Durch die gegenseitige Abstimmung von IT-Infrastrukturen, IT-Architekturen, Applikationen, Workflows, Netzwerk-Management, Sicherheitsbestimmungen, Daten- und Informationsaustausch, Kapazitätsplanungen usw. lassen sich in der Regel substanzielle Qualitätsverbesserungen und/oder gemeinsame Kosteneinsparungen erzielen.

Vertragsmanagement und Pflege der Vertragsdatenbank

Absicherung durch Verträge

Das Risiko nachträglich auftretender Konflikte lässt sich begrenzen, indem die gemeinsamen Vorstellungen und Erwartungen an Art und Umfang der Beziehungen im Vorfeld möglichst genau und detailliert dokumentiert werden. Dies kann in Form einer Servicevereinbarung (*z. B. Protokoll eines Abstimmungsmeetings*) oder eines juristisch abgesicherten Vertrags (Underpinning Contract) erfolgen (zu möglichen Inhalten siehe Abb. 3–15). Häufig findet sich eine Einteilung in Rahmenvertrag, der grundsätzliche Aspekte der Partnerschaft regelt, und Leistungsscheine, die die spezifischen Bedingungen der Leistungserbringung für die jeweiligen IT-Services beschreiben.

Allgemein	**Leistungs-umfang**	**Verantwort-lichkeiten**	**Rechtliche Aspekte**	**Finanzielle Aspekte**
• Vertrags-parteien • Dauer • Zielsetzungen	• Serviceorte • IT-Service-inhalte • Servicezeiten • Servicelevel-messverfahren • Volumen • Know-how-Anforderungen der Mitarbeiter • Übergabepunkte • Sicherheits-anforderungen • Technische Standards • Migrationspläne	• Kommunikation • Eskalations-stufen • Reviews und Audits • Abstimmungs-gremien • Ansprech-partner • Mitwirkungs-pflichten des Kunden • Informationen und Reporting (KPIs, Balanced Scorecard) • Integration in Service-Management-Prozesse	• Kündigung • Konventional-strafen • Change-Prozess • Vertraulichkeit • Verfügungs-rechte • Haftung	• Entgeltstruktur • Zahlungs-konditionen

Abb. 3–15

Regelungsfelder von Servicevereinbarungen (Underpinnings Contracts) mit IT-Lieferanten

Juristische Verträge bieten den Vorteil, dass die Vertragserfüllung ein- *Begrenzter Nutzen von* geklagt werden kann. Je ausgeprägter das Partnerschaftsverhältnis ist, *Verträgen* desto vielseitiger sind jedoch auch die Abhängigkeiten. Im Streitfall kommt es daher nur in Ausnahmefällen tatsächlich zu juristischen Auseinandersetzungen. Vereinbarungen, die primär mit dem Ziel for-maljuristischer Eindeutigkeit formuliert werden, haben den Nachteil, dass die Regelungen für die IT-Experten mit technisch-operativer Ori-entierung schwer zu interpretieren sind. In diesem Fall sind für beide Parteien Vertragsübersetzungen für operativ tätige Mitarbeiter not-wendig, die wiederum die Gefahr unterschiedlicher Interpretationen beinhalten. Die Erarbeitung von komplexen Vertragswerken ist zudem aufwendig und kostspielig.

Zusammenfassend kann festgehalten werden, dass der Regelungs-umfang nach der Bedeutung des Lieferantenverhältnisses differenziert werden muss. Für strategisch wichtige Lieferanten sollten alle Aspekte der Partnerschaft möglichst detailliert vereinbart werden. Die Form der Vereinbarung hängt von den Sicherheitsbedürfnissen der Parteien und damit von der Vertrauensbasis ab. Der Grad, in dem die Vereinba-rungen formaljuristisch abgesichert werden, sollte sich an den resultie-renden Kosten und der Notwendigkeit der gerichtlichen Durchsetzbar-keit orientieren und kein Selbstzweck sein.

Alle Servicevereinbarungen und -verträge werden vom Supplier *Dokumentation in einer* Management in einer zentralen Datenbank (Supplier and Contract *zentralen Datenbank* Database, SCD) gespeichert. Für strategische Partnerschaften ist zusätzlich ein Dokumentenmanagement erforderlich, das alle Informationen (*z. B. Ausschreibungsunterlagen, Angebotsversionen, E-Mails, Protokolle, Notizen*) rund um die Entstehung und die laufende Betreuung der Vereinbarungen verfügbar macht und revisionssicher archiviert.

Leistungssteuerung

Vertragsmanager überwachen die vereinbarungsgemäße Leistungserbringung.

Auf Basis der abgeschlossenen Vereinbarungen trägt das Supplier Management die Verantwortung für die Überwachung der Einhaltung der Verpflichtungen durch den IT-Lieferanten. Im operativen Alltagsbetrieb muss die Einhaltung der dokumentierten Qualitäts- und Leistungsanforderungen (Service Level) durch den Lieferanten sowie auch seine effektive Mitwirkung in den operativen Prozessen (*z. B. Incident Management, Problem Management, Change Management, Configuration Management*) überwacht werden. Für jede Vereinbarung ist ein verantwortlicher Mitarbeiter des Supplier Managements als zentraler Ansprechpartner und Vertragsmanager für den IT-Lieferanten zu benennen. Durch analoge Strukturen auf der Lieferantenseite lassen sich strategische und operative Abstimmungserfordernisse effektiv durch eine persönliche Kommunikation koordinieren. Regelmäßige Abstimmungsrunden (Service Review Meetings) erlauben die fallweise Hinzuziehung von Entscheidungsträgern (*z. B. bei Eskalationen*) und bieten ein Forum, in dem grundsätzliche Koordinationsaspekte und Optimierungspotenziale auf Basis von Reports und Auswertungen diskutiert und Maßnahmen zur Serviceoptimierung vereinbart werden können.

3.7.3   Steuerung des Prozesses

Die Effektivität des Supplier Managements lässt sich mithilfe der folgenden Kennzahlen verfolgen:

- externes Beschaffungsvolumen in Relation zum IT-Budget
- Anzahl der IT-Lieferanten mit Vertragserfüllung
- Anzahl und Entwicklung der Vertragsverletzungen
- Einhaltung der Service Level
- Anzahl der durchgeführten Service Reviews
- terminliche Einhaltung der vereinbarten Service-Optimierungsmaßnahmen

3.7.4   Erfolgsfaktoren der Umsetzung

Das Supplier Management ist zwei grundsätzlich verschiedenen Anforderungen ausgesetzt. Auf der einen Seite müssen Vereinbarungen möglichst konkret und eindeutig gefasst werden, damit in der operativen Umsetzung Verantwortlichkeiten und Aufgaben klar und interpretationsfrei definiert sind. Auf der anderen Seite lassen detaillierte Auflistungen von Rechten und Pflichten nicht genügend Raum für Flexibilität und Anpassung an sich verändernde Bedingungen. Je besser es gelingt, ein ausgeglichenes Vertrauensverhältnis zu etablieren, desto reibungsloser kann dieser Zielkonflikt im operativen Miteinander entschärft werden.

Zielkonflikt zwischen Eindeutigkeit und Flexibilität

Falls der IT-Lieferant seine Verpflichtungen nicht vereinbarungsgemäß erfüllt, sind effektive Eskalationsmechanismen erforderlich. Sie erlauben die Ausübung von Druck auf die Verantwortlichen im Hinblick auf die Durchführung notwendiger Veränderungen innerhalb der Leistungsorganisation des Lieferanten.

4 Service Transition

Das ITIL-Buch »Service Transition« beschreibt Prozesse und Verfahren, mit denen neue oder geänderte IT-Services effektiv und effizient in den operativen IT-Betrieb eingeführt werden können. Heutige IT-Infrastrukturen sind typischerweise voneinander abhängig und hochgradig komplex. Geschäftsprozesse sind auf funktionierende IT-Systeme angewiesen. Selbst substanzielle Veränderungen an der IT-Infrastruktur müssen so vorgenommen werden, dass der laufende Betrieb störungsfrei funktioniert. Dies lässt sich nur gewährleisten, wenn der resultierenden Komplexität mit effizienten Methoden begegnet wird. Service Transition integriert Programm- und Projektmanagement-, Qualitätsmanagement-, Risikomanagement- und Change-Management-Methoden zu Best-Practices-Lösungen für das IT-Service-Management.

Veränderungen implementieren, ohne den Betrieb zu stören

Folgendes Szenario unterstreicht die Notwendigkeit eines funktionierenden Transition Managements:

Ein Unternehmen der chemischen Zulieferindustrie generiert über das Webfrontend des selbst entwickelten Ordersystems pro Tag im Durchschnitt Aufträge im Wert von 120.000 €. Nachdem an einem Sonntag ein Update eingespielt wurde, lassen sich zu Geschäftsbeginn über die Schnittstelle keine Aufträge mehr speichern. Der Entwickler, der die wahrscheinlich fehlerhafte Funktionalität programmiert hat, hat sich krank gemeldet. Montagmittag trifft der eilig einberufene Krisenstab zwischen IT-Managern und Vertretern des Vertriebs die Entscheidung, auf die alte Version zurückzugehen. In wilder Hektik wird rund um die Uhr gearbeitet. Am nächsten Morgen steht die alte Version wieder zur Verfügung, allerdings sind alle Kundenstammdaten gelöscht. In der Telefonzentrale ist kein Durchkommen mehr, weil wütende Kunden alle Warteschleifen blockieren. Mittlerweile glauben die Entwickler den Fehler des erkrankten Kollegen gefunden und behoben zu haben. Am Mittwoch wird ein erneuter Versuch unternommen, die nunmehr geänderte neue Version einzuspielen. Ab 14:00 Uhr funktioniert das System wieder fehlerfrei. Fazit: ein enormer Imageschaden, ein Verlust von Stammkunden und ein geschätzter Umsatzverlust in Höhe von 250.000 €.

Abb. 4–1

Das ITIL-Modul »Service Transition«

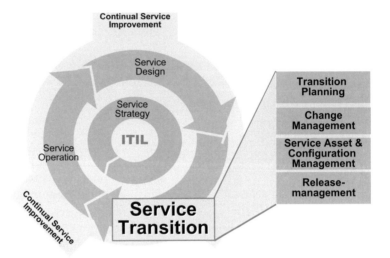

Zur systematischen Steuerung und Kontrolle von Veränderungen an der IT-Infrastruktur sieht Service Transition folgende Kernprozesse, die in diesem Kapitel detailliert vorgestellt und erläutert werden:

- Transition Planning
- Change Management
- Service Asset und Configuration Management
- Release and Deployment Management
- Servicevalidierung und -test
- Evaluation
- Knowledge Management

Die drei letztgenannten Prozesse wurden in der Version 3 als eigenständige Prozesse definiert, ohne dass sich inhaltlich wesentliche Aussagen über die zuvor genannten Service-Transition-Kernprozesse bzw. die anderen Bücher hinaus finden. Der Vollständigkeit halber werden die Prozesse in der bisher verwendeten Beschreibungssystematik dargestellt und die resultierenden Redundanzen bewusst in Kauf genommen.

4.1   Transition Planning and Support

Zweck	▪ Vorausplanung von Veränderungsmaßnahmen an IT-Objekten
wichtige Aktivitäten	▪ Transition-Strategie ▪ Planen von Transition-Projekten ▪ Transition Program Management
Methoden/ Tools	▪ Einsatz einer standardisierten Projektplanungsmethode (*z.B. PMBOK oder Prince2*)
Output	▪ Transition-Master-Plan, Release- und/oder Change-Projektpläne
Bewertung	▪ Prozess, der die Planungsanforderungen von Change- und Release-Projekten thematisiert und auf die qualitätsgesicherte Implementierung von IT-Services gerichtet ist. Seine Erfordernis steigt mit der Anzahl von parallelen Veränderungen und/oder komplexen Changes. Anwendung eines Multi-Projektmanagement-Ansatzes.
Beispiel	▪ Ein neues Betriebssystem-Rollout auf alle Clients ist geplant. Drei Monate vorher setzt eine Freeze-Periode[1] für Arbeitsplatzsysteme und Laptops ein, um neue Systeme nicht in kurzem Abstand umkonfigurieren zu müssen.

Steckbrief Transition Planning und Support

4.1.1   Ziele des Prozesses

Generelle Zielsetzung des ITIL-Moduls Service Transition ist es, notwendige oder wünschenswerte Veränderungen an IT-Services so vorzunehmen, dass der Geschäftsbetrieb möglichst wenig beeinträchtigt wird. Dazu ist eine koordinierte Vorgehensweise erforderlich. Der Prozess Transition Planning deckt alle dazu notwendigen Ablauf-, Ressourcen- und Kapazitätsplanungen im Vorfeld der Einführung von Releases und Changes ab. Die Projektplanung schließt die Bestimmung der Zielqualitäten und Ausfallrisiken ebenso ein wie entsprechende Kostenkalkulationen. Die Ergebnisse der Transition-Planung sind die Basis für die Freigabeentscheidung der Einführungsprojekte.

Ablauf-, Ressourcen- und Kapazitätsplanungen im Vorfeld der Einführung von Releases und Changes

---

1.   In »Freeze«-Perioden werden keine weiteren Änderungen an Systemen oder Plattformen zugelassen bzw. angenommen, um somit stabile Testumgebungen zu gewährleisten.

4.1.2   Prozessaktivitäten

Abb. 4–2

Transition Program
Management

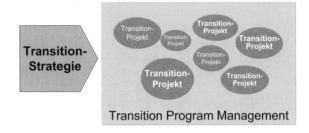

Transition-Strategie

Im Rahmen der Transition-Strategie muss die IT-Organisation festlegen, wie im Grundsatz mit der Einführung von IT-Services oder deren technischer Änderung umgegangen werden soll. Dazu sind Verfahren, Prozesse, Standards, Rollen, Aufgaben und Verantwortlichkeiten zu definieren.

Ausgangspunkt der Strategieentwicklung müssen die Veränderungskapazitäten der Organisation sein. Betroffene stehen Veränderungen – unabhängig davon, ob es sich um eine Reorganisation oder ein neues IT-System handelt – skeptisch gegenüber. Die Veränderungsbereitschaft einer Organisation korreliert negativ mit der Veränderungshäufigkeit. Mit anderen Worten: Viele Veränderungen in kurzen Zeitabständen verärgern Kunden und Nutzer.

Stabile Transition-Projekte fördern Vertrauen.

Einen direkten Einfluss auf die Veränderungsbereitschaft hat Service Transition durch die Art und Weise, wie Veränderungen eingeführt werden. Durch sorgfältige Abstimmung der einzelnen Projekte, frühzeitige Kommunikation, verbindliche Terminplanungen, stabile Entwicklungs- und Installationswerkzeuge, welche die koordinierte Einführung getesteter Releases erlauben, wird beispielsweise das Ausfallrisiko vermindert. Etablierte Verfahrensregeln und Verfahrensmechanismen schaffen Vertrauen und erhöhen so tendenziell die Veränderungsbereitschaft der Organisation.

Im Detail betrifft die Transition-Strategie folgende Elemente:

- Schnittstellen zu allen Prozessbeteiligten
- Bedarfsanalyse
- Erarbeitung eines Transition-Lebenszyklusphasenplans
- Einführungsvorbereitung
- Ressourcen-, Zeit- und Kostenplanung
- Verfahren zur Fehlerbehandlung sowie Eskalationsroutinen und Fallback-Lösungen

- Prozesssteuerung, Ablaufplanung, Monitoring
- Festlegung von Change-Phasen, Release-Zyklen und »Freeze«-Perioden
- Prozessvariationen für Major, Minor und Emergency Releases

Transition-Planung

Auf der Grundlage der Festlegungen in der Transition-Strategie wird ein konkreter Plan mit mehreren Planungsstufen ausgearbeitet. Für jedes Release-Projekt ist ein eigener Transition-Plan anzufertigen, der

Inhalte eines Transition-Plans

- Aufgaben und notwendige Aktivitäten,
- Testanforderungen,
- Verantwortlichkeiten,
- Meilensteine und Fertigstellungstermine,
- notwendige Ressourcen und Budgets,
- Vorlaufzeiten,
- Risiken und Erfolgsfaktoren und
- Zustimmungen

spezifiziert.

Aufgrund des Wiederholungscharakters der Projekte bietet sich die Entwicklung und Vorgabe eines entsprechenden Musterprojektplans an, der vom verantwortlichen Projektleiter eines Change- oder Release-Projekts aufzustellen ist und vom Transition Manager freigegeben werden muss. Folgende Checkliste unterstützt die Verifikation der einzelnen Projektpläne durch das Service Transition Management:

Checkliste zur Freigabe von Transition-Projekten

- Aktualität des Release-Plans
- Wurde der Plan mit allen Betroffenen abgestimmt, autorisiert und gegengezeichnet?
- Sind eindeutige Abnahmekriterien zwischen den Fachabteilungen (Kunde) und dem Service Provider abgestimmt?
- Wurde die Beeinflussung von/durch andere RfCs, Known Errors und Problems beachtet?
- Wurden die technischen, organisatorischen und finanziellen Auswirkungen ausreichend spezifiziert?
- Ist die Kompatibilität der betroffenen CIs mit dem Release/Change sichergestellt?
- Ist der Zeitplan mit den Anforderungen der betroffenen Geschäftsprozesse abgestimmt?

Folgendes Beispiel unterstreicht die Bedeutung einer effektiven Service-Transition-Planung:

Für die Logistikabteilung eines Konsumgüterherstellers soll eine neue Version (Major Release) der Kommissioniersoftware einge-führt werden, die neben der direkten Anbindung an das Waren-wirtschaftssystem auch automatisierte Scanvorgänge der Artikel unterstützt. Die Logistikabteilung verspricht sich davon erhebli-che Vereinfachungen im Arbeitsablauf. Ursprünglich sollten die Installation der neuen Hardware (Scanner) und Software sowie die Schulung der Mitarbeiter im April beginnen. Aufgrund von Liefer-engpässen des Scannerherstellers verzögerte sich der Start auf Anfang Juni. Das ursprüngliche Konzept sah vor, dass ausge-wählte Key-Nutzer das System vier Wochen lang zunächst pilotie-ren sollten, bevor der vollständige Rollout erfolgen sollte. Wegen der hohen Belastung der Mitarbeiter während der mittlerweile ein-gesetzten Urlaubszeit wurde die Pilotphase gemeinsam mit der Logistikabteilung um zwei Monate verlängert und der Rollout auf September verschoben.

Transition Program Management

Portfoliomanagement von Projekten

Um die einzelnen Transition-Projekte in Bezug auf verfügbare Res-sourcen, Termine, Freeze-Phasen, Risiken usw. abstimmen zu können, muss ein übergreifendes Transition Program Management etabliert werden. Mithilfe einer Multi-Projektmanagement-Methodik sind die einzelnen Releases und Changes als Portfolio von eigenständigen Pro-jekten zu steuern, um Ressourcenallokation, Disposition von fachli-chen Experten, Risikopotenziale, Synergien, Kompatibilitäten und die zeitliche Abfolgeplanung aufeinander abzustimmen (*beispielsweise um zu verhindern, dass parallel und unabgestimmt kurz hintereinander Betriebssystem und ERP-Software eines Prozessleitrechners aktuali-siert werden, ohne dass diese Kombination zuvor ausgiebigen Kompa-tibilitätstests unterzogen wurde*). Im Ergebnis dokumentiert der Pro-gram Manager die Reihenfolge der freigegebenen und noch auf ihre Realisierung wartenden Maßnahmen (Backlog) in einem Masterplan. Wegen des grundsätzlich dynamischen Charakters sind die einzelnen Planversionen sowie die übergreifende Portfolioplanung ständig zu aktualisieren.

4.1.3   Steuerung des Prozesses

Da sich der Inhalt des Prozesses auf Planungsaktivitäten bezieht, setzt die Prozesssteuerung am Output des Prozesses, d.h. bei den Planungsergebnissen, an. Die Qualität des Service-Transition-Masterplans wird durch seine Vollständigkeit und Aktualität bestimmt. Nur wenn alle Transition-Projekte durch das Program Management erfasst werden, ist eine Basis für übergreifende Optimierung strategischer und operativer Aspekte vorhanden. Folgende Kennzahlen unterstützen die Steuerung des Prozesses:

Anzahl und Prozentsatz der erfolgreich (durch die Fachabteilungen abgenommenen) implementierten Releases und/oder Changes
Vollständigkeit des Projekt-Portfolios
durch Releases und/oder Changes gebundene Kapazitäten
Releases und/oder Changes pro Periode
Anzahl und Prozentsatz von ungeplanten Releases und/oder Changes
Anzahl und Prozentsatz von Releases und/oder Changes mit Planabweichung (Umfang, Kosten, Zeit, Qualität)

4.1.4   Erfolgsfaktoren der Umsetzung

Transition Planning stellt den übergreifenden Fokus auf alle Change- und Release-Aktivitäten sicher. Die Effizienz dieses Planungsinstrumentariums bedingt, dass alle Changes und Releases erfasst werden und brauchbare Regeln zur Priorisierung existieren. In der Praxis hat sich die langfristige Festlegung von Change- und Freeze-Phasen bewährt. Sie schaffen Transparenz über die Change-Kapazitäten und sichern die Planbarkeit gegenüber den Change-Initiatoren.

Changes und Releases werden beispielsweise nur alle zwei Monate in die Testumgebung übernommen und nach erfolgreichem Integrationstest in die Produktivumgebung eingespielt.

Weitere Erfolgsfaktoren sind:
Akzeptanz für die Notwendigkeit, Transition-Projekte zu planen
ausschließlich sorgfältig geplante Transition-Projekte freigeben
ausschließlich freigegebene Transition-Projekte umsetzen

4.2 Change Management

Zweck	▪ Ablaufsteuerung von Veränderungsmaßnahmen
wichtige Aktivitäten	▪ Erstellen und Dokumentieren von RfCs ▪ Zulassen von RfCs ▪ Beurteilen und Bewerten von Changes ▪ Autorisieren von Changes ▪ Koordinieren der Change-Implementierung ▪ Prüfen des Ergebnisses und Abschluss
Methoden/ Tools	▪ Tool zur Unterstützung der arbeitsteiligen Erstellung, Dokumentation, Statusverwaltung und Verfolgung von RfCs und autorisierten Changes ▪ Protokollierung der CAB-Sitzungen
Output	▪ Change-Plan
Bewertung	▪ Ausgereifter Kernprozess innerhalb von ITIL. Der Grad der Formalität muss sorgfältig abgewogen werden. Eine enge Verzahnung mit dem Configuration Management ist hilfreich.
Beispiel	▪ Einführung einer neuen Applikation, die es Außendienstmitarbeitern ermöglicht, bereits vor Ort beim Kunden Aufträge einzuholen und die Lieferfähigkeit zu überprüfen. Die Software ist auf Handhelds installiert, die sich über UMTS in das Firmennetz einwählen und auf die Auftragsdatenbank zugreifen.

ITIL definiert einen Service Change als die dokumentierte Hinzufügung, Modifikation oder Entfernung eines autorisierten oder geplanten IT-Service oder einer IT-Service-Komponente einschließlich der damit verbundenen Anpassung des Configuration Management Systems (CMS, siehe Abschnitt 4.3) Das Change Management ist somit für die Steuerung aller Veränderungen der erfassten IT-Komponenten über den gesamten Service-Lebenszyklus verantwortlich. Changes ergeben sich aus ganz unterschiedlichen Gründen. Beispiele hierfür sind:

- Behebung von Fehlerursachen (*Einspielen von Patches oder Bug Fixes*) von Betriebssystem- und Applikationssoftware
- Einspielen von Hard- und Softwareaktualisierungen (*Erweiterung der Funktionalitäten von Systemen*)
- Kosteneinsparungen durch Einführung neuer Applikationssoftware (*Einführung eines internetbasierten Auftragsabwicklungssystems*)
- Verbesserung von IT-Services (*Restrukturierung einer Datenbank führt zur Verbesserung der Zugriffszeiten*)

4.2.1   Ziele des Prozesses

Sowohl innerhalb von IT-Organisationen als auch außerhalb in den Fachabteilungen, die für die Geschäftsprozesse verantwortlich sind, entstehen aus den zuvor genannten Gründen eine Vielzahl von Veränderungswünschen. Das Change Management stellt sicher, dass Veränderungsanfragen (RfC = Request for Change oder Change Request, CR) effizient und nach formal definierten Regeln geprüft und nur freigegebene Changes kontrolliert eingeführt werden. Dies erfordert standardisierte Verfahren zur Beurteilung der technischen (IT-Infrastruktur), organisatorischen (Geschäftsprozesse) und finanziellen (Budget) Auswirkungen. Freigabeprozeduren müssen Nutzen, Auswirkungen und Risiken von Changes beurteilen und sicherstellen, dass Veränderungen nicht unbedacht und fahrlässig erfolgen, sondern zwischen allen Beteiligten geplant, abgestimmt und von einer definierten Instanz autorisiert werden.

Veränderungen werden durch RfCs gesteuert.

Abb. 4–3

Change-Prozess in der Übersicht
(OGC: Service Transition (2007), S. 49)

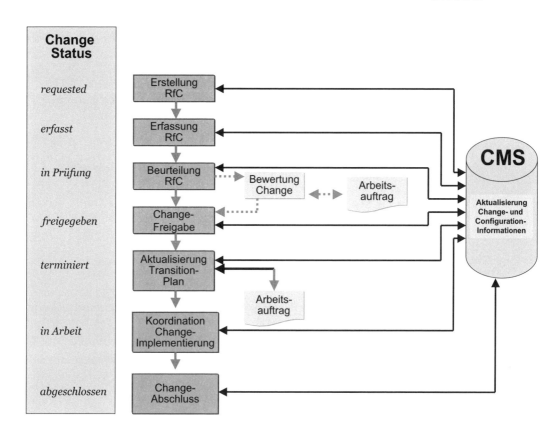

4.2.2   Prozessaktivitäten

Auf den nächsten Seiten werden Aktivitäten vorgestellt, die für die Umsetzung des Change Managements notwendig sind.

Erstellung und Dokumentation von RfCs

Ausgangspunkt eines Change ist ein Veränderungswunsch seines Initiators. Der Initiator ist typischerweise eine Fachabteilung, das Incident Management und/oder Problem Management oder ein anderer interner IT-Bereich. Aufgabe dieser ersten Prozessaktivität des Change Managements ist es sicherzustellen, dass für die spätere Bearbeitung und Umsetzung des Change alle notwendigen Informationen vorliegen. In der Praxis hat sich bewährt, Veränderungswünsche an IT-Services und IT-Komponenten unter der Verwendung von Formularen zu dokumentieren. Mithilfe formalisierter RfCs lassen sich Missverständnisse vermeiden und der erforderliche Informationsaustausch einfach strukturieren.

RfC-Inhalte   Typische Inhaltskategorien von RfCs (und damit Bestandteile eines RfC-Datensatzes) sind:

- eine eindeutige Identifikationsnummer
- Auslöser des Change (gegebenenfalls Referenz auf Programm-Identifikationsnummer)
- Zielsetzung des Change
- Grund für den Change (eventuell Business Case)
- Change-Plan (detaillierte Beschreibung der Veränderung)
- betroffene Komponenten (CIs)
- Baseline-Version (d.h. die aktuell funktionierende Fassung vor der Implementierung der Veränderung)
- geplanter Beginn und Dauer der Change-Phase
- Change-Kategorie (Major, Minor, Emergency)
- Change-Priorität
- Risikobewertung
- Rückfallszenario (Unter welchen Umständen erfolgt ein Rückgriff auf welche Baseline-Version?)
- Kapazitäten- und Ressourcenplanung
- Auswirkungsanalyse und -bewertung (*z.B. Gegenüberstellung von Kosten, Nutzen, Risiko*)
- Autorisierungsbestimmungen
- autorisiert durch (*Unterschrift*)
- Termin der geplanten Einführung (Datum, Change-Fenster, Release-Zyklus u.Ä.)

Verantwortlicher für die Implementierung

realisierte Abweichungen vom Change-Plan

Abschluss der Implementierung

Prüfprotokoll

Die Vielzahl der notwendigen Informationen verdeutlicht, dass ein RfC nur in Ausnahmefällen von einzelnen Personen komplettiert werden kann. Bei entsprechender Größe und Häufigkeit von Changes ist die Nutzung eines Service-Management-Tools zu empfehlen, das die arbeitsteilige Erstellung, Dokumentation, Freigabe und Ablage von RfCs unterstützt. Ein Change kann so je nach Bearbeitungsstatus auf Basis von eindeutig definierten Workflows den verschiedenen Akteuren zugewiesen werden. Die Change-Dokumentation ist in das CMS zu integrieren.

Zulassung von RfCs

Das Change Management muss die Vollständigkeit von RfCs überprüfen und nicht realisierbare Changes bereits frühzeitig aussortieren sowie RfCs zurückweisen, die aufgrund unvollständiger Informationen keine adäquate Beurteilung zulassen.

Die Zurückweisung von unvollständigen Changes ist ein »zweischneidiges Schwert«. Ein häufig anzutreffendes Problem ist der Umstand, dass Mitarbeiter aus den Fachabteilungen nicht in der Lage sind, die gewünschten Veränderungen beziehungsweise die resultierenden Implikationen genau zu beschreiben. Vertreter der IT-Abteilung dagegen neigen dazu, Changes primär aus einer technischen Perspektive zu betrachten. Bei der Formulierung von RfCs mit der skizzierten Informationstiefe prallen diese Extreme unweigerlich aufeinander. Ein Prozessverantwortlicher einer Fachabteilung ist beispielsweise nicht ohne Weiteres in der Lage, ein Lastenheft für eine Softwareänderung zu erstellen oder in Abhängigkeit davon eine grobe Kalkulation des resultierenden Aufwands abzugeben. Beides ist jedoch für die formale Change-Freigabe (Autorisierung) erforderlich.

Vorgehensweise bei unvollständigen Angaben

Die Effektivität des Change-Prozesses steigt deutlich, wenn es gelingt, gemeinsam eine integrierte Perspektive auf die Changes zu entwickeln. Ein hoher Formalisierungsgrad von RfCs setzt eine entsprechende Prozessreife bei allen Beteiligten voraus. Solange diese nicht gegeben ist, müssen Change Manager und Initiatoren mehr Zeit investieren, um den RfC gemeinsam zu vervollständigen.

Beurteilung und Bewertung von Changes

Die überragende Bedeutung von effizienten Beurteilungsverfahren für Changes wird wohl am deutlichsten in Anbetracht der potenziellen

Folgen von gescheiterten Changes. Kein Change ist ohne Risiko. Das Change Management benötigt Standards und Routinen, die regeln, wie mit Change-Risiken zu verfahren ist. So lässt sich zum Beispiel vorgeben, dass Changes, deren Risiko besonders hoch eingeschätzt wird, Mehrfachprüfungen mit verschiedenen Methoden zu durchlaufen haben. Auf der anderen Seite ist ein höheres Risiko eventuell akzeptabel, falls der Change eine hohe Priorität hat.

Steht der Rechner, der die Produktionsstraße steuert, so steigt die Risikobereitschaft gewöhnlich deutlich.

Für derartige (Emergency) Changes sind Verfahren erforderlich, die eine schnelle Wiederherstellung ermöglichen.

Priorisierung von Changes

Bei der Bewertung von Changes hat das Change Management auch zu entscheiden, wann welcher Change durchgeführt wird. Bei begrenzten Entwickler- oder IT-Service-Management-Kapazitäten kommt es nicht selten zu Konkurrenzsituationen zwischen den anfordernden Fachabteilungen. Analog zum Incident Management sind einheitliche Kriterien zu definieren und zu etablieren, die eine strategische Priorisierung der einzelnen Changes aus Sicht des Gesamtunternehmens erlauben.

Zusammenfassung von Changes

Viele Service Provider sind mittlerweile davon abgerückt, jeden Change einzeln und isoliert zu implementieren. ITIL empfiehlt die Zusammenfassung von Changes und ihre koordinierte Einführung innerhalb von abgestimmten und etablierten Change- und/oder Release-Fenstern. Dies sind mit den Prozessverantwortlichen der Fachabteilungen abgestimmte Zeitintervalle, in denen die Implementierung von Changes zugelassen ist. Im Rahmen der Transition-Planung ist zu definieren, nach welchen Kriterien welche Art von Changes zu welchen Release-Paketen zusammengefasst werden können und nach welchen Kriterien diese Pakete den Change-Fenstern zugeordnet werden.

Autorisierung von Changes

Wie bei der Erstellung von RfCs ist auch bei der finalen Beurteilung und Autorisierung von Changes eine integrative Perspektive erforderlich, die einen Ausgleich zwischen den Interessen der Geschäftsvertreter und denen des Service Providers schafft. Zu diesem Zweck empfiehlt ITIL die Einrichtung eines gemeinsamen Gremiums, des Change Advisory Boards (CAB).

Im CAB sind Stakeholder des Change vertreten.

Unter Vorsitz des Change Managers sollte das Gremium aus Mitgliedern zusammengesetzt werden, die über ein integratives Verständnis der IT und der Geschäftsprozesse verfügen und als Repräsentanten der betroffenen Bereiche fungieren können. Potenzielle Teilnehmer sind Vertreter aus den Fachabteilungen, Benutzergruppen, Key-Nutzer, Applikationsentwickler, technische Spezialisten, Service Manager, Vertreter operativer Abteilungen und Vertreter von Outsourcing-Partnern. In jedem Fall sollte der Change Manager versuchen, eine adäquate Vertretung des Kunden und der Nutzer zu gewährleisten.

Die Zusammensetzung des Gremiums kann wechseln und sollte sich an der Art der freizugebenden Changes orientieren. Allerdings sind etablierte Entscheidungskriterien erforderlich, um eine Vergleichbarkeit bei Risikobewertung und Prioritätseinstufung sicherzustellen. Je häufiger das Gremium wechselt, desto schwieriger ist es, diese Vergleichbarkeit zu gewährleisten.

Das CAB kann die Entscheidungskompetenz für die Autorisierung je nach Art des Change delegieren. Für Standard-Changes, die operativen Routinecharakter haben und ein geringes Risikoprofil aufweisen, ist das Zusammentreffen des CAB im Einzelfall weder notwendig noch betriebswirtschaftlich vertretbar (*z.B. der Austausch einer defekten Festplatte eines Servers oder das Einspielen eines offiziellen Sicherheitspatches*). Die Autorisierung von Standard-Changes wird – eventuell in Verbindung mit entsprechenden Verfahrensanweisungen (*z.B. Meldung an das Configuration Management*) – daher in der Regel an das technische Management delegiert. Für zeitkritische Changes (Emergency Changes) kann ein festes Subgremium bestimmt werden, das vom CAB mit den notwendigen Kompetenzen ausgestattet wird, um schnell handeln zu können.

Standard-Changes werden vorab genehmigt.

Hierarchisch oberhalb der CAB-Ebene hat sich die Etablierung von Eskalationsgremien bewährt, die im Falle von Meinungsverschiedenheiten oder Major Changes, welche einen hohen Kostenaufwand oder ein hohes Risikoprofil aufweisen, entscheiden.

Auf Basis der Freigabeentscheidungen des CAB ist das Change Management für die Koordination der Change-Implementierung mit dem Transition Management verantwortlich. Der Transition-Plan enthält alle autorisierten Changes mit ihrem geplanten Einführungstermin. In der Change-Ausfallplanung (Projected Change Outage) wird dokumentiert, wie sich die geplanten Changes auf SLAs und Verfügbarkeiten auswirken.

In anderen Fällen zählen bestimmte Changes zu den täglichen Routineaufgaben, die vom technischen Management erledigt werden (*z.B. der Einbau einer weiteren Festplatte in einen Speicherserver*). Eine formale Bewertung und Freigabe für jeden Change wäre aufwendig und überflüssig. Dafür sieht ITIL pre-authorized Changes vor. Diese werden einmalig vom Change Manager oder dem CAB freigegeben.

Koordination der Change-Implementierung

Im Anschluss an die Change-Freigabe folgt die Change-Implementierung, die in der Regel von den Mitarbeitern des technischen Managements (*z.B. Systemadministratoren, Entwickler, Servicetechniker*) unter der Kontrolle des Release Managements vorgenommen wird. Das Change Management begleitet jedoch den Implementierungsprozess und zeichnet für die finale Qualitätssicherung verantwortlich.

Die Koordination erstreckt sich typischerweise auf die formale Übergabe in Form eines Arbeitsauftrags, die Abstimmung des Rückfallszenarios, die Einhaltung der Zeitpläne anhand von Meilensteinen, das Monitoring des entstehenden Aufwands (*z.B. Manntage Entwickler*), die Überprüfung der Funktionstests und das Sicherstellen, ob alle Änderungen an CIs adäquat in der Datenbank des CMS dokumentiert wurden.

Evaluation und Abschluss

Hat der Change seinen Zweck erfüllt?

Den formalen Abschluss eines Change bildet die Überprüfung, ob der implementierte Change die beabsichtigte Wirkung zeigt und keine unbeabsichtigten Nebenwirkungen auftreten (PIR – Post Implementation Review). In Fällen, in denen das Ergebnis des Change für Kunden oder die IT-Nutzer sichtbar ist (*der Change beseitigt die Ursache eines Incidents*), oder der Change von Bereichen außerhalb der IT-Organisation initiiert wurde (*auf Wunsch der Logistik-Fachabteilung wird eine neue Software für die Lagerverwaltung eingeführt*), ist die formale Zustimmung der betroffenen Kunden und/oder Nutzer einzuholen.

Prüfung gegen Akzeptanzkriterien

Bei der Einführung von neuen IT-Services, die durch die Prozesse des Service Designs konzipiert worden sind, erstreckt sich die Beurteilungsphase auf einen längeren Zeitraum nach der Einführung. Dabei wird der Output des IT-Service gegen die ursprünglich festgelegten Akzeptanzkriterien (Service Acceptance Criteria) geprüft. In diesem Zusammenhang ist es insbesondere von Bedeutung, die nach Abschluss der Testverfahren zu erwartende Prozess-Performance und sich ergebende Risikofaktoren aus allen relevanten Perspektiven (Kunde, Nutzer, technisches Management, Service Management, Managementebene usw.) systematisch, d.h. durch eine formal definierte Prozedur (*z.B. durch eine Checkliste*), zu beleuchten und die Ergebnisse zu dokumentieren.

Neben den inhaltlichen Aspekten, ist – im Sinne eines Projekt-Controllings – schließlich auch zu prüfen, wie effektiv der Change-Prozess verlaufen ist:

- Liegt eine formale Bestätigung vor, dass der Zweck des Change erreicht wurde?

Wie hat sich die Change-Einführung auf Qualität, Service Level, Verfügbarkeiten, Kapazitäten, Sicherheit, Leistungsniveau und Kosten ausgewirkt?

Wurde das Change-Projekt innerhalb der vereinbarten Zeit und mit den geplanten Inhalten innerhalb des vereinbarten Budgets realisiert?

4.2.3   Steuerung des Prozesses

Für die Steuerung des Change Managements ist die folgende Auswahl an Kennzahlen geeignet, die sich vor allem an der Prozesseffizienz orientieren:

Anzahl und Prozentsatz der erfolgreichen Changes

Anzahl und Prozentsatz der unautorisierten Changes

Anzahl und Prozentsatz der ungeplanten (urgent, emergency) Changes

Anzahl und Prozentsatz der abgelehnten RfCs

Anzahl und Prozentsatz der gescheiterten Changes

Aufwand (Personentage) für die Change-Implementierung

Anzahl erledigter Changes pro Abteilung/Team

Anzahl und Volumen (Personentage) von Changes in Bearbeitung pro Abteilung/Team

durchschnittliche Dauer eines Change

Backlog von RfCs (noch zu erledigende Changes)

Anzahl neuer RfCs pro Periode je Anforderungsbereich

Neben der Prozesseffizienz ist es für das Change Management von strategischer Bedeutung, die Ursachen von Changes zu erkennen und auf Entwicklungstrends zu reagieren. Statt eine Vielzahl von inkrementellen und nur im Nachhinein abgestimmten Changes an einem IT-Service zu implementieren, ist es in vielen Fällen sinnvoller, proaktiv auf häufige Anforderungen mit einer einheitlichen Ursache zu reagieren.

Eine Vielzahl von Changes hat die Veränderung von Webseiten im Hinblick auf die Einbeziehung von Datenbanken zum Inhalt. Statt alle Changes isoliert umzusetzen, bietet sich eine Erweiterung des Content-Management-Systems an, das die Implementierung durch die Nutzer nach eigenen Vorstellungen erlaubt.

4.2.4   Erfolgsfaktoren der Umsetzung

Die Einführung eines Change Managements innerhalb der IT-Organisation und an ihren Schnittstellen setzt einen Kulturwandel voraus.

Kein Change ohne RfC

Zuvor bedurfte es nur der Überzeugung des verantwortlichen Technikers, und eine Veränderung ließ sich pragmatisch umsetzen. Durch die Einführung des Change Managements im beschriebenen Sinne tritt eine koordinierte Formalisierung an die Stelle von unsicherem Pragmatismus. Dies setzt bei allen Beteiligten ein erhebliches Ausmaß an Verständnis für die Vorteile des Verfahrens sowie Konsequenz und Disziplin in der Umsetzung voraus. Eine Kultur, die von der Überzeugung »Keine Veränderung ohne autorisierten Change« geprägt ist, kann nur entstehen, wenn eine vorbehaltlose Rückendeckung des Managements sichtbar ist. Weitere Erfolgsfaktoren sind:

- Abstimmung einer Priorisierungslogik mit allen Prozessbeteiligten
- Bündelung und Konzentration der Autorisierungskompetenz
- Einrichtung von Entwicklungs-, Test- und Produktivumgebungen
- Nur ausgetestete Veränderungen am Produktivsystemen vorzunehmen
- Schutz der Produktionsumgebung und der Infrastruktur vor unerlaubten Veränderungen
- Qualität von RfCs
- Definition von Change-Fenstern (Veränderungen nur in dieser Zeit) und Freeze-Perioden (keine Veränderungen während dieser Zeit)
- Differenzierung des Change-Prozesses nach Art des Change. Für Major Changes (*Austausch der zentralen Kundendatenbank*) sind andere Verfahren erforderlich als für Standard-Changes (*IT-Nutzer bekommt einen neuen Monitor*).

4.3   Service Asset und Configuration Management

Zweck	▪ Erfassung und Dokumentation der IT-Infrastruktur
wichtige Aktivitäten	▪ Planen und Konzeptionieren ▪ Identifizieren ▪ Reporting ▪ Auditierung ▪ Koordinieren der Change-Implementierung ▪ Prüfen des Ergebnisses und Abschluss
Methoden/ Tools	▪ Configuration Management System (CMS) inklusive Configuration Management Data Base (CMDB)
Output	▪ Informationen über IT-Infrastruktur
Bewertung	▪ Das Configuration Management ist ein Unterstützungsprozess für andere ITIL-Prozesse; es ist der wichtigste Informationslieferant. Eine hohe Datenqualität setzt effiziente Pflegeroutinen und kontrollierte Veränderungen voraus.
Beispiel	▪ Ein IT-Nutzer hat keinen Zugriff auf das Netzwerk. Durch Angabe der entsprechenden Service-Nr. seines PC kann der Mitarbeiter des Service Desk feststellen, dass das Netzwerk in dem betroffenen Gebäude zurzeit nicht verfügbar ist, da ein Switch ausgefallen ist.

Steckbrief Service Asset und Configuration Management

Das Service Asset und Configuration Management (SACM) verfolgt den Zweck, alle IT-Vermögenswerte und IT-Konfigurationen (inklusive ihrer Komponenten, Attribute, Beziehungen, Versionen und Referenzkonfigurationen (Baselines)) zu identifizieren, zu dokumentieren, zu verwalten und zu verifizieren. Es bildet die Komponenten der IT-Infrastruktur in Form von Configuration Items (CIs) in einem logischen Modell (Configuration Management System, CMS) ab. CIs beschreiben die Objekte mithilfe von ausgewählten Attributen.

Dokumentation von Konfigurationen

> *Ein Drucker lässt sich durch seinen Typ oder durch eine Reihe weiterer Attribute – Schnittstelle, Auflösung, Papierkapazität – erfassen (siehe auch Abb. 4–7).*

In der Regel sind es sehr heterogene Objekte, die für die Bereitstellung von IT-Services von Bedeutung und demzufolge als CIs zu erfassen sind. Folgende Kategorien von CIs lassen sich unterscheiden:

CIs zur Abbildung des Lebenszyklus eines IT-Service
(*z.B. Business Case, Service Design Package, Testplan*)

Service CIs
(*z.B. IT-Betriebsmittel, Applikationen, Daten, Service-Akzeptanzkriterien*)

CIs zur Abbildung der Serviceorganisation
(*z.B. Prozessbeschreibungen, Verfahrensanweisungen, Projektauf-träge, Statusberichte*)

interne CIs
(*z.B. Tickets, Service Requests*)

externe CIs
(*z.B. Service Level Requirements, RfCs von Lieferanten*)

Abb. 4–4
Kaufmännischer und technischer Bestand

Kaufmännischer Bestand		Technischer Bestand
• ID • Name des Nutzers • Personalnummer des Nutzers • Organisationseinheit • Kostenstelle • Anschaffungsdatum • Wert • Abschreibungsbetrag • . . .	• IT-Service • Standort • Raum • Service Level • Softwarelizenz-nummer • . . .	• ID • PC-Typ • Speicher • Grafik • Prozessor • Netzwerkanbindung • Version Betriebssystem • Version SAP Gui • . . .

Auf der Ebene der Bestandsdaten des CMS wird häufig zwischen dem kaufmännischen und dem technischen Bestand unterschieden (siehe Abb. 4–4). Der kaufmännische Bestand (auch Asset Management) liefert eine Aufstellung, die Aufschluss gibt über Wert, Ort, Besitzer oder Kostenstelle aller IT-Vermögenswerte über ihren gesamten Lebenszyklus hinweg. Der technische Bestand liefert das Spiegelbild, das heißt, er erfasst alle IT-Komponenten mit ihren technischen Beschreibungs-merkmalen, spezifischen Attributen und Beziehungen untereinander.

Der Nutzwert bestimmt sich durch die Anzahl der Relationen.

Das SACM reduziert sich jedoch nicht auf ein reines Bestandsver-zeichnis von IT-Komponenten von IT-Services. Der Nutzwert des CMS wird entscheidend durch die Anzahl der Relationen bestimmt, mit deren Hilfe Beziehungen zwischen CIs abgebildet werden. Folgendes Beispiel erläutert die Notwendigkeit eines CMS, welches den kauf-männischen und technischen Bestand relational miteinander ver-knüpft:

In der Vertriebsabteilung soll ein neues CRM-System eingeführt werden. Aufgrund der hohen Anforderungen an die Verfügbarkeit wurde in Abstimmung mit der Fachabteilung die Entscheidung getroffen, Arbeitsplatzsysteme mit dem Service Level »Gold« aus-zutauschen, die älter sind als drei Jahre, falls der Rechner nicht mindestens über eine Taktfrequenz von 1,5 GHZ und 1 GB Hauptspeicher verfügt. Der Austausch der betroffenen PCs soll in einem konzertierten Rollout-Projekt standortweise erfolgen, um

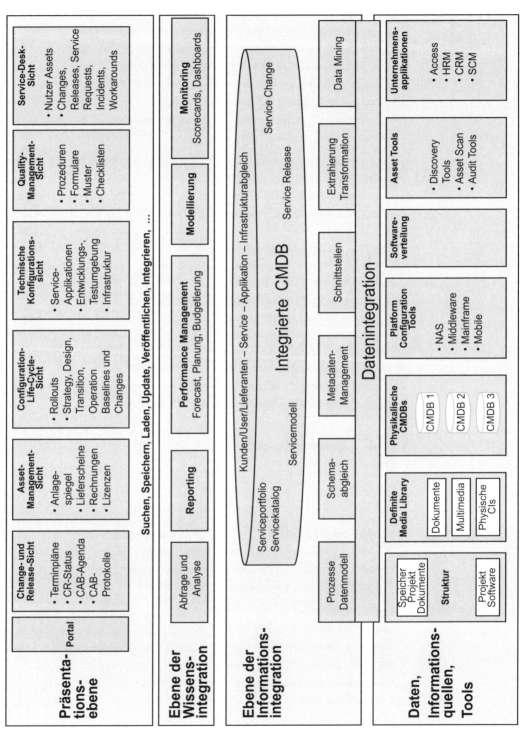

Abb. 4–5 *Das Configuration Management System (OGC: Service Transition 2007, S. 68)*

die Auswirkungen auf den Betrieb möglichst gering zu halten. Die Kosten des Rollout-Projekts sollen zunächst auf einem CO-Innen-auftrag (Kostensammler) erfasst werden, um sie später verursa-chungsgerecht auf die Kostenstellen der jeweiligen Vertriebsregio-nen verteilen zu können. Der Projektleiter des Rollouts benötigt also die Anzahl und Konfiguration der PCs pro Standort, Raum, Abteilung, Kostenstelle, Anschaffungsdatum, Nutzer, Service Level usw.

Die CMDB ist das Herzstück.

Daten und Informationen des SACM werden durch das CMS bereitge-stellt. Das Herzstück des CMS ist die Configuration Management Database (CMDB). Die CMDB ist eine logische Datenbank, die in der Regel eine Vielzahl von Datenquellen integriert. Die CMDB bezieht ihre Daten aus einer Reihe von Applikationen und Systemen, die vor-wiegend zur Unterstützung der operativen IT-Prozesse eingesetzt wer-den (*z. B. Netzwerkkonfigurationstool oder Softwareverteilungstool*). Auf der Präsentationsebene liefert das CMS mehrere zielgruppenspezi-fische Sichten: beispielsweise die Lebenszyklus-Sicht auf ein CI, die Zusammenstellung aller Daten, die der Service Desk bei der Aufnahme von Incidents benötigt, oder alle finanziellen Daten, die für einen IT-Kostenreport erforderlich sind. Um die Performance der operativen Systeme nicht zu belasten, finden sich häufig Datawarehouse-Lösun-gen. Datenführend bleiben die operativen Systeme, da dort die Daten-qualität sehr viel effizienter sichergestellt werden kann.

4.3.1 Ziele des Prozesses

Das SACM ist der wichtigste Informationslieferant für alle übrigen Service-Management-Prozesse. Konfigurationsinformationen sind wich-tige Entscheidungsgrundlagen. Beispielsweise bei

- der Beurteilung der Auswirkung von Veränderungen,
- der Feststellung der Auswirkungen von gemeldeten Störungen,
- der Ursachenanalyse des Problem Managements und
- der Analyse von Sicherheitsrisiken.

Das SACM ist nicht auf die Unterstützung des IT-Service-Manage-ments beschränkt. Auch andere Bereiche benötigen zunehmend IT-bezogene Daten und Informationen. Weitere Anforderungen ergeben sich aus der Einhaltung von Compliance-Vorgaben (*z. B. Sarbanes-Oxley*) oder internen Anfragen des Rechnungswesens oder der Perso-nalabteilung.

Die Verfügbarkeit von transparenten und aktuellen Konfigurationsinformationen setzt zwingend deren Vollständigkeit und Richtigkeit zu jedem Zeitpunkt voraus. Nur wenn die Daten des CMS die relevante Realität vollständig widerspiegeln, stellen sie eine effektive Entscheidungsgrundlage dar. Die besonderen Anforderungen an die Vollständigkeit und Richtigkeit können daher nur gewährleistet werden, wenn ausschließlich autorisierte Komponenten verwendet werden und ausschließlich autorisierte Veränderungen an diesen Komponenten erfolgen. Jede freigegebene und implementierte Konfigurationsänderung muss zeitnah dokumentiert, das heißt in der CMDB aktualisiert, werden. Nur dann kann das SACM auf Basis einer initialen Vollinventur aller Komponenten der IT-Infrastruktur einen lückenlosen Nachweis aller Konfigurationen zu beliebigen Zeitpunkten sicherstellen (Referenzkonfigurationen – Baselines).

Vollständigkeit und Richtigkeit zu jedem Zeitpunkt

4.3.2   Prozessaktivitäten

Abb. 4–6
Übersicht: Configuration-Management-Prozesse

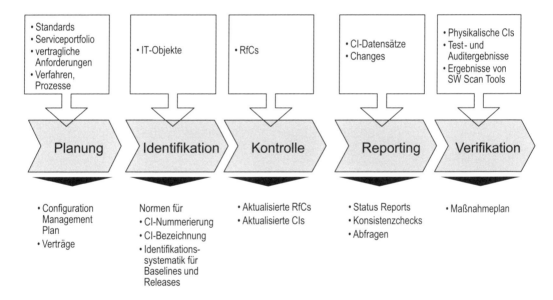

- Standards
- Serviceportfolio
- vertragliche Anforderungen
- Verfahren, Prozesse

- IT-Objekte

- RfCs

- CI-Datensätze
- Changes

- Physikalische CIs
- Test- und Auditergebnisse
- Ergebnisse von SW Scan Tools

Planung   **Identifikation**   **Kontrolle**   **Reporting**   **Verifikation**

- Configuration Management Plan
- Verträge

Normen für
- CI-Nummerierung
- CI-Bezeichnung
- Identifikationssystematik für Baselines und Releases

- Aktualisierte RfCs
- Aktualisierte CIs

- Status Reports
- Konsistenzchecks
- Abfragen

- Maßnahmeplan

Planung

Aufgrund der heterogenen Anforderungen aus den unterschiedlichsten Bereichen gibt es kein generisches Datenmodell, das alle Bedürfnisse berücksichtigen kann. Für die verschiedenen IT-Services, Kundenprojekte und Servicebereiche (*z. B. Rechenzentrum, Netzwerkservice*) müssen in Bezug auf die Frage, welche Informationen im Detail zu speichern sind, jeweils individuelle Festlegungen getroffen werden. Der

Heterogene Anforderungen erfordern individuelle Festlegungen.

Configuration-Management-Plan beschreibt, welche Objekte mit welchen Attributen abgebildet, wann und wie die resultierenden CI-Datensätze erfasst und wie die Aktualisierungen sichergestellt werden. Die einzelnen Configuration-Management-Pläne sind in einer übergeordneten SACM-Strategie zu verankern und müssen in das CMS integriert werden. Folgende Themenbereiche sind dabei zu beachten:

- Umfang und Geltungsbereich
- Anforderungen und Prioritäten
- relevante Standards
- organisatorische Regelungen
- Systeme und Tools
- Aktivitäten

Identifikation

Für die Effektivität eines SACM ist es erfolgskritisch, bis zu welcher Ebene (Strukturierungstiefe) IT-Komponenten und/oder ihre Subkomponenten durch CIs abgebildet werden.

Abb. 4–7
Beispiel: CI-Drucker

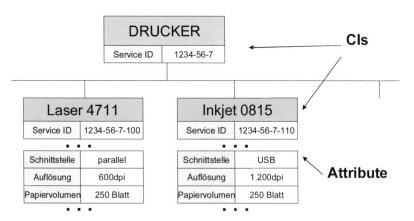

Ein Drucker (siehe Abb. 4–7) lässt sich zum Beispiel entweder

- als Attribut eines PC (Drucker vorhanden: Ja/Nein)
- als eigenes CI bezeichnet durch den Typ
- oder als eigenes CI bezeichnet durch den Typ und eine Reihe weiterer Attribute (*Schnittstelle, Auflösung, Papiervolumen*)

beschreiben.

Unabhängig von der inhaltlichen Spezifikation sollte pro CI eine Reihe
von Basisattributen gepflegt werden:

  Identifikationsnummer
  CI-Typ (*z. B. Hardware oder Software*)
  Bezeichnung
  Version
  Standort
  Installationsdatum
  Eigentümer
  Status
  Quelle bzw. Lieferant
  Referenz auf Software
  Referenz auf verbundene Dokumente (*z. B. Servicebeschreibungen*)
  historische Daten (*z. B. letzter Audit*)
  Referenz auf Servicekatalog
  relevantes SLA
  gültiger Service Level

Die Spezifikation weiterführender Informationsanforderungen sollte
im Einzelfall durch einen Abgleich des Nutzens aus der Verfügbarkeit
der Informationen mit dem resultierenden Aufwand für die Daten-
pflege erfolgen. Da jede Veränderung von CIs durch einen formal gesicherten Prozess (Change Management) erfolgen muss, ist die Granula-
rität, mit der IT-Komponenten im CMS erfasst werden, sorgsam
abzuwägen und regelmäßig zu überprüfen. Als Leitlinie gilt: CIs sollten nur bis zu einer Ebene heruntergebrochen werden, auf der es eigenständige und unabhängige Service Requests, Changes, Incidents oder
Problems gibt, die diese CIs betreffen, oder wenn es sich um ein Service
Asset handelt, welches getrennt eingesetzt und verändert wird.

Nutzen und Pflegeaufwand abgleichen

   Um eine eindeutige Identifikation, Nachverfolgung und die Abbildung von Relationen zu ermöglichen, sind innerhalb des CMS Bezeichnungskonventionen für CIs, RfCs, Changes, Releases, Baselines und
Release-Versionen festzulegen (*z. B. RfC Nr.-Jahr: oder RfC 12-2007
oder RfC 13-2007 und nicht RfC-13_2007 oder RfC 12-07*). Dies
muss sich auf die Nummerierungslogik, Versionsnummern, Standard-
bezeichnungen, Abkürzungen u.Ä. erstrecken. Häufig ist es dabei von
Nutzen, Beziehungsstrukturen zwischen CIs (*z. B. Über- und Unter-
ordnung*) in der Bezeichnung mit abzubilden.

   Eine lesbare Standardkennzeichnung von Service Assets mit einer
eindeutigen Identifikationsnummer (*z. B. durch Anbringen von entsprechenden Aufklebern*) erleichtert die spätere Identifikation. Im
Falle eines Incidents können Nutzer beispielsweise die betroffene

Eindeutige Identifikationsnummern schaffen Eindeutigkeit.

Komponente eindeutig bezeichnen. In anderen Fällen lässt sich je nach technischer Ausstattung die physische Inventur durch Barcode-Leser oder RFID-Technologie automatisieren.

Wie bereits angedeutet, ist die Abbildung von Relationen zwischen CIs eine wesentliche Funktion des CMS. Dabei sind sowohl 1:1-, 1:n-, n:1- als auch n:n-Konstellationen möglich. Kann ein Nutzer auf seinem Netzlaufwerk nicht speichern, ist zum Beispiel von Interesse,

- wie das Gerät ans Netz angebunden ist (Verbindung zwischen CIs),
- mit welchem Prozessor und welcher Speicherkapazität der File-Server ausgestattet ist (Eltern-Kind-Beziehung),
- welche Software installiert ist (Nutzung anderer CIs),
- welche Störungs-Tickets in der Vergangenheit registriert wurden (Verbindung zwischen Service CIs und internen CIs),
- welche Changes an der Konfiguration durchgeführt wurden (Verbindung zwischen Service CIs und internen CIs),
- welche neuen Softwarepakete (Releases) aufgespielt wurden (Verbindung zwischen Service CIs und internen CIs).

Baseline =
Referenzkonfiguration

Neben CIs und Relationen bedarf es auch grundsätzlicher Regelungen für die Handhabung von Baselines. Dabei handelt es sich um autorisierte Referenzkonfigurationen, die als Ausgangspunkt für den Kontrollprozess dienen. Eine Baseline kennzeichnet eine Anzahl von aufeinander abgestimmten und funktionierenden CIs (*z. B. ein Server in seinem Auslieferungszustand*). Spätere Erweiterungen (*z. B. eine nachträgliche Installation einer Speichererweiterung*) werden durch entsprechende Changes dokumentiert. Dies gewährleistet eine lückenlose Rekonstruktion. Ein weiteres Beispiel für eine Baseline ist das getestete und freigegebene Release einer Applikation. Alle nachfolgenden Changes und Releases lassen sich dann in ihrer Wirkung ausgehend von der Baseline rekonstruieren.

Kontrolle

Vorgehensweise bei nicht
autorisierten
Veränderungen

Die Aussagefähigkeit des CMS hängt von der Vollständigkeit und Richtigkeit der Informationsbasis ab. Parallel zur beschriebenen systematischen Identifikation und Erfassung aller CIs sind Vorkehrungen notwendig, die nicht autorisierte (und damit im CMS nicht dokumentierte) physische Veränderungen an IT-Komponenten oder deren Subkomponenten verhindern (*z. B. eigenmächtige Umzüge*).

Verfahren, Prozesse, Zugriffskontrollen u. Ä. müssen sicherstellen, dass ohne entsprechende Dokumentation und zeitnahe Aktualisierung der CMDB kein CI hinzugefügt, modifiziert, ersetzt oder entfernt werden kann.

Reporting

Die Vergabe von Statusattributen für CIs (*z. B. »erfasst«, »geprüft«, »installiert« oder »deinstalliert«*) erlaubt es dem SACM, den Lebenszyklus von CIs abzubilden. Dadurch können spezifische Prozessvarianten an auswertbare Stati geknüpft werden. Dies unterstützt die Sicherheit und die Integrität der Informationen für das Qualitätsmanagement der Service-Management-Prozesse.

Statusüberwachung von CIs

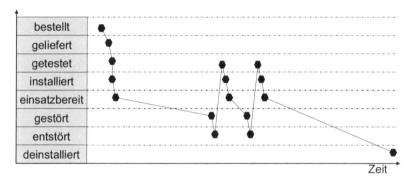

Abb. 4–8

Statusüberwachung von CIs im zeitlichen Ablauf (in Anlehnung an Vogt et al. (2000), S. 44)

Das CMS ist die Basis für eine Reihe von Abfragen und Reports, die für diverse Zwecke benötigt werden:

- Auflistung von CIs und ihrer Baselines
- CIs nach Status und Change-Historie
- Planung von Rollout-Projekten
- CIs, die nach Ablauf der Nutzungsdauer ersetzt werden müssen
- Störungsaufkommen pro CI

Auditierung

Mithilfe von Audits, Stichproben und kontinuierlichen Prüfungen muss das SACM sicherstellen, dass das Abbild in der CMDB mit der realen Welt übereinstimmt. In Intervallen sollte dazu geprüft werden, ob sich Service Assets mit den beschriebenen Attributen an den definierten Orten befinden, und mittels eines Software-Scantools, ob sich auf Servern und Clients nur autorisierte Applikationsversionen befinden oder ob Changes tatsächlich in der autorisierten Art und Weise implementiert wurden.

Um die Kosten für periodische physische Inventuren zu begrenzen, sollte die Gelegenheit genutzt werden, CMDB-Daten zu überprüfen, falls Servicetechniker »vor Ort« tätig sind. Die Überprüfung der realen IT-Infrastruktur mit ihrer Abbildung im CMS kann so als fortdauernde Aufgabe für alle Mitarbeiter des technischen Managements institutionalisiert und mit entsprechenden Anreizen verknüpft werden

Vor-Ort-Einsätze zur Kontrolle nutzen

(z.B. Prämien für die Identifikation von nicht oder falsch dokumentierten CIs).

Ein formal definierter Prozess muss sicherstellen, dass die Ursachen für unautorisierte Changes aufgedeckt und beseitigt werden.

4.3.3   Steuerung des Prozesses

Die Erfassung und Abbildung der Komponenten der IT-Infrastruktur ist kein Selbstzweck, sondern dient maßgeblich der Unterstützung anderer Service-Management-Prozesse. Die folgenden Kennzahlen unterstützen die Steuerung des SACM:

- Zeitersparnis im Incident Management bei der Identifikation von gestörten CIs
- Wert der installierten IT-Komponenten
- Anzahl fehlender oder falscher CI-Attribute
- Umfang der dokumentierten CIs

4.3.4   Erfolgsfaktoren der Umsetzung

Prozesskonformität sichert Vollständigkeit der Daten. Das SACM ist der zentrale Informationslieferant für das IT-Service-Management. Alle anderen ITIL-Prozesse greifen auf die Informationen des CMS zurück. Wie in anderen Fällen auch, sind Vollständigkeit und Aktualität der Daten des Informationssystems ein zentraler Erfolgsfaktor für dessen Nutzung. Dies erfordert von allen Beteiligten ein hohes Maß an Selbstverantwortung und entsprechende Einstellungen, begleitet von effizienten Kontrollprozessen. Denn nur das konsequente Einhalten der formal definierten Prozesse kann die Aktualität sicherstellen.

> *Beispiele: Nutzer, die ihren Arbeitsplatz eigenmächtig umziehen, anstatt einen entsprechenden Service Request aufzugeben. Servicetechniker, die einen Patch einspielen, ohne diese Aktivität zu dokumentieren.*

Weitere Erfolgsfaktoren sind:

- Informationen nicht zu erheben, nur weil sie verfügbar sind
- Attribute für CIs nur dann zu dokumentieren, wenn ein definierter Informationswert existiert
- ein hoher Grad an Automatisierung bei der Erfassung und Aktualisierung von CIs
- das Überzeugen der operativ tätigen Mitarbeiter, dass nur eine vollständige und lückenlose Dokumentation der abzubildenden IT-Komponenten den Gesamtaufwand rechtfertigt

4.4   Release Management

Zweck	▪ Implementierung von zusammenhängenden Veränderungsmaß-nahmen (z.B. Software-Rollouts)
wichtige Aktivitäten	▪ Festlegen von Release-Richtlinien ▪ Planen von Releases ▪ Erstellen und Testen von Releases ▪ Implementieren von Releases ▪ Support während der Einführungsphase ▪ Abschließen des Release-Projekts
Methoden/ Tools	▪ Trennung von Entwicklungs-, Test- und Produktivumgebungen ▪ Softwareverteilungstool
Output	▪ erfolgreich implementierte Veränderungen der IT-Infrastruktur
Bewertung	▪ erforderlich, wenn in großem Umfang eigene Software entwickelt oder häufig neue Versionen auf eine Vielzahl von Rechnern aufgespielt werden
Beispiel	▪ An der CRM-Software wurden eine Reihe von Veränderungen vorgenommen und in der Entwicklungsumgebung implementiert. Zum Monatsende wurde die aktuelle Entwicklungsversion in die Testumgebung übernommen und zwei Wochen lang überprüft. Auftretende Fehler wurden beseitigt. Nach Abschluss der Testphase wurde die Testversion auf das Entwicklungs- und das Produktivsystem aufgespielt. Nach entsprechender Paketierung wurden die betroffenen Client-Rechner mittels eines Softwareverteilungstools »betankt«.

Steckbrief
Release Management

Im operativen Alltag des IT-Betriebs werden Veränderungen an IT-Komponenten selten einzeln und isoliert vorgenommen. Im Regelfall erfolgen Changes an einer Vielzahl von CIs in einem sachlichen oder zeitlichen Zusammenhang. Derartige zusammenhängende »Sammel-Changes« werden Releases genannt und häufig in Form von Projekten (Rollouts) geplant und implementiert. Da es offensichtlich wenig sinnvoll ist, ein Software-Update auf 5.000 Clients in Form von 5.000 einzelnen RfCs zu handhaben, wird pro Release lediglich eine begrenzte Zahl von RfCs erstellt, um die Veränderung an einem IT-Service oder einer Vielzahl von IT-Komponenten zu autorisieren.

Release = Implementierung von zusammenhängenden Changes

Umfang und Inhalt eines Release können im Einzelfall stark variieren. Den Schwerpunkt bilden in der Regel Software-Updates, die simultan auf eine Vielzahl von Rechnern aufgespielt werden. Allerdings zählt auch die initiale Bereitstellung von IT-Komponenten zum Aufgabenspektrum des Release Managements, beispielsweise wenn alle Mitarbeiter einer Organisationseinheit ein neues Programm erhalten (*z.B. erhält die Lagerverwaltung eine neue Kommissioniersoftware*) oder eine Organisationseinheit komplett mit neuen Arbeitsplatz-

systemen inklusive der dazugehörigen Software ausgestattet wird (*z. B.*
erhält der Außendienst neue Laptops mit UMTS-Funktionalität). Das
Release Management steuert also die zusammenhängende Bereitstellung und Veränderung von IT-Komponenten (Release-Einheiten). Aus
den skizzierten Beispielen wird deutlich, dass Release-Einheiten aus
Softwarekomponenten, Hardwarekomponenten oder beiden bestehen
können.

Release-Kategorien   Das Release Management unterscheidet zwischen folgenden Kategorien von Releases:

- **Major Release**
  (Rollout von Soft- und/oder Hardwarekomponenten, die in der
  Regel neue Funktionalitäten zur Verfügung stellen und vorange-
  gangene Releases ersetzen)
- **Minor Release**
  (geringfügige Verbesserungen beziehungsweise Korrekturen oder
  Behebung von bekannten Fehlern – Quick Fixes)
- **Emergency Fix**
  (Behebung von akuten Fehlern – Hot Fix, Bug Fix)

4.4.1   Ziele des Prozesses

Schutz und Erhalt der   Das gemeinsame Oberziel des Change und Release Managements ist
Systemintegrität als   der Schutz und Erhalt der Systemintegrität der bestehenden IT-Infra-
oberstes Ziel   struktur. Dabei übernimmt das Change Management die Kontrolle,
wohingegen das Release Management für die Durchführung verantwortlich zeichnet. Durch formale Verfahren und Kontrollen zielt das
Release Management darauf ab, unvorhergesehene Beeinträchtigungen bei der Einführung von neuen IT-Services und/oder die Veränderung bestehender IT-Services zu vermeiden. Folgendes Beispiel unterstreicht die Bedeutung eines effizienten Release Managements:

*Eine Firma mit 2.800 PC-Nutzern arbeitet mit einer selbst erstell-
ten Software zur Arbeitszeiterfassung, die auf allen Systemen implementiert ist. Das Entwicklerteam für diese Applikation drängt den
verantwortlichen Release Manager, eine neue Version der Software
möglichst noch vor dem Jahreswechsel aufzuspielen. Der Release
Manager macht zwar seine Bedenken geltend, lässt sich dann
jedoch aufgrund des fachlichen Drucks darauf ein, die Software
ohne weitergehende Tests direkt von der Entwicklungs- in die Produktivumgebung zu überspielen. Am nächsten Morgen wird der
Service Desk mit Störungsmeldungen überrannt, da die Hälfte der
Systeme, auf denen das Release eingespielt wurde, im Bootprozess*

mit einem Blue Screen hängen bleibt. Die 1.400 betroffenen Desktops müssen daraufhin von Servicetechnikern manuell mit entsprechenden Boot-CDs wieder lauffähig gemacht werden.

Das Release Management zeichnet für die effiziente Durchführung von koordinierten und kontrollierten Veränderungen und für die Bereitstellung von IT-Komponenten verantwortlich. Dies erstreckt sich auf:

Verantwortungsbereich des Release Managements

- Vorgabe von Richtlinien (Release Policy)
- Projektmanagement von Release-Projekten (Festlegen von Umfang und Inhalt von Releases, Zeit- und Ressourcenplanung, Kommunikation mit Anwendern und Betroffenen)
- Koordination mit dem Change Management
- Konzeption geeigneter Verteilungsmechanismen (*z. B. durch Nutzung eines netzgestützten Softwareverteilungstools*)
- Planung und Entwicklung von effizienten Testdrehbüchern und Testmethoden
- Pilotierungen
- Sicherstellung der Nachvollziehbarkeit, wann welche Veränderungen durch welches Release erfolgt sind
- Sicherstellung der Reversibilität (jederzeitige Umkehrbarkeit der Veränderungen durch die Anwendung von Backout-Verfahren)
- Dokumentation der verschiedenen Release-Versionen und Vergabe von eindeutigen Identifikationsnummern
- Abstimmung mit dem Configuration Management (Anpassungen der CMDB)

4.4.2   Prozessaktivitäten

Abb. 4–9

Die Prozessaktivitäten des

Release Managements

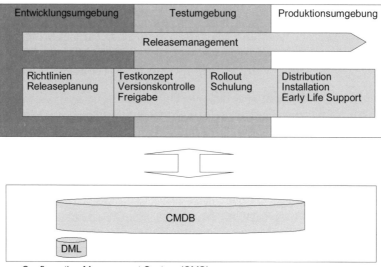

Abbildung 4–9 gibt einen Überblick über die wesentlichen Aktivitäten des Release Managements. Aus einer übergreifenden Perspektive betrachtet, geht es um die strukturierte Durchführung von komplexen Veränderungen, also um die Transformation von der Entwicklung über die Prüfung bis hin zur Einführung in die bestehende IT-Infrastruktur.

Festlegung von Release-Richtlinien

Eine erste grundlegende Aktivität des Release Managements betrifft das Festlegen von Richtlinien. Im Wesentlichen handelt es sich um die Auswahl zwischen folgenden Optionen:

▪ **Automatische versus manuelle Verteilung**
Mithilfe einer automatischen Softwareverteilung lässt sich eine Vielzahl von Computern gleichzeitig mit Softwarepaketen über das Netzwerk »betanken«. Einige Tools unterstützen den automatisierten Abgleich zwischen der Ist-Konfiguration eines registrierten Computers mit dem in der CMDB hinterlegten Profil. Stellt das Tool eine (nicht autorisierte) Abweichung fest, erfolgt – je nach Einstellung – eine automatisierte Überschreibung mit dem Soll-Profil.
Bei einer manuellen Softwareverteilung spielen Servicetechniker die Releases auf. Aufgrund der Warte- und Wegezeiten der manuel-

len Abläufe ist diese Vorgehensweise sehr aufwendig und beinhaltet zudem ein hohes Fehlerpotenzial.

Sequenzieller Rollout versus Big Bang

Bei einer Big-Bang-Einführung werden alle Veränderungen in einem Schritt relativ zeitgleich durchgeführt.

> *Eine neue Softwareversion wird mithilfe eines Softwareverteilungstools zu einem bestimmten Zeitpunkt auf alle Zielserver überspielt.*

Dies ist von Bedeutung, falls es auf die Konsistenzsicherung ankommt und verhindert werden soll, dass – wenn auch nur zeitweise – mit unterschiedlichen Versionen gearbeitet wird.

Im Rahmen eines sequenziellen Rollouts werden die Zielsysteme in einer definierten Reihenfolge nacheinander »betankt«. Diese Vorgehensweise birgt wegen der geringeren Komplexität und der jederzeitigen Korrekturmöglichkeit ein geringeres Risikopotenzial.

Push versus Pull

Im Rahmen der Push-Option erfolgt die Implementierung des Release – entweder in Form eines Big Bangs oder eines sequenziellen Rollouts – durch eine zentrale Steuerung nach einem verabschiedeten Terminplan. Der individuelle Nutzer hat dabei nur in Ausnahmefällen Einfluss auf den Implementierungszeitpunkt. Die Release-Planung benötigt vorab eine Reihe von Informationen aus dem CMS, um das Release zu planen (*z. B. IP-Adresse der Nutzer, Kostenstelle, Version des Betriebssystems*).

Bei der Pull-Variante, die sich häufig bei netzbasierten Applikationen findet, steht ein Update auf einem zentralen Server zur Verfügung und kann vom Nutzer zu einem selbstbestimmten Zeitpunkt installiert werden. Die Anpassung der CMDB muss in diesem Fall systemisch erfolgen.

Bestandteil der Release-Richtlinien sind auch grundlegende Aussagen zur Vorgehensweise bei der Festlegung des Inhalts und des Umfangs von Releases und Release-Einheiten (betroffene IT-Komponenten). Für die Entscheidung, welche Inhalte sinnvollerweise welchem Release zugeordnet werden, existieren allerdings kaum allgemein gültige Gesetzmäßigkeiten. In der Praxis hängt diese Entscheidung beispielsweise von der Komplexität und dem Umfang der notwendigen Veränderungen, dem personellen und zeitlichen Aufwand sowie von den gegenseitigen Abhängigkeiten zwischen den betroffenen IT-Komponenten ab. Im Hinblick auf die Release-Häufigkeit und den Umfang unterscheidet ITIL folgende Release-Typen:

Inhalt und Umfang von Releases

- **Full Release**
(ersetzt die Release-Einheiten vollständig)
(*z. B. alte PCs werden durch neue ersetzt; die neue Version überschreibt die alte Version vollständig*)

- **Delta Release**
(ersetzt lediglich die veränderten Soft- und/oder Hardware-komponenten)

- **Package Release**
(Bündel von zusammenhängenden Full- und/oder Delta Releases, das aus einzelnen oder einer definierten Menge von Release-Einheiten besteht. Ermöglicht die Berücksichtigung von Abhängigkeiten)

   Zum Beispiel erfordert die neue Softwareversion eine Erweiterung der Hauptspeicherkapazität, die Veränderung des Service-Levels sowie eine Einführungsschulung für den Systemadministrator.

Bezeichnungs-konventionen

Für die Verfolgung und Versionskontrolle sowie für die Dokumentation in der CMDB sind eindeutige Bezeichnungskonventionen von entscheidender Bedeutung. Eine häufig verwendete Systematik unterscheidet Major Releases auf der höchsten Stufe (*z. B. Applikation xy V.1*), gefolgt von Minor Releases (*z. B. Applikation xy V.1.1*) und schließlich Emergency Fixes (*z. B. Applikation xy V.1.1.1*).

Release-Planung

Release-Pläne werden vom Change Management autorisiert.

Auf Basis der festgelegten Richtlinien sind für jedes Release individuelle Ablaufpläne zu erstellen. Jeder Release-Plan muss vom Change Management in Form eines RfC autorisiert werden. Je nach Umfang können für die verschiedenen Phasen des Release-Plans mehrere RfCs notwendig sein (*z. B. vor Übernahme in die Testumgebung, vor Übernahme in die Produktivumgebung oder vor Beginn der nächsten Roll-out-Phase*). Im Ergebnis enthalten Release-Pläne Informationen über die folgenden Aspekte:

Allgemeine Information	Projektplan
Identifikationsnummer	Zeit- und Aktivitätsplanung
Release-Beschreibung (Inhalt und Umfang des Release)	Verifizierungs- und Validierungsszenarien mit Abnahmekriterien und Entscheidungskompetenzen
Risikobewertung	Rollout-Plan (Logistik, Softwareverteilung und Installationsverfahren) aufgeteilt nach Standort, Organisationseinheit und Anwender
betroffene Anwender und Organisationseinheiten	Ressourcenplan
Release-Verantwortlicher	Rollen und Verantwortlichkeiten
	Backout-Planung
	Kommunikations- und Trainingskonzept, Akzeptanztests und Qualitätssicherung

Verifizierung von Releases

Bevor ein Release auf das Produktivsystem aufgespielt wird, sollte seine Funktionsfähigkeit durch Testverfahren ausreichend geprüft werden. Zu diesem Zweck sind kontrollierte Labor- und Testumgebungen erforderlich, mit deren Hilfe sich das wahrscheinliche Verhalten der neuen Version in der Produktivumgebung simulieren lässt. In der Regel ist eine 1:1-Abbildung der Produktivumgebung weder möglich noch vom Aufwand her vertretbar. Jedoch steigt der Nutzen von Simulationstests mit der Übereinstimmung zwischen Test- und Produktivumgebung – beispielsweise in Bezug auf Transaktionsdaten und/oder die Hardwarekonfiguration.

Aufbau von Testumgebungen

Für die Überführung eines Release von der Entwicklungs- in die Testumgebung sind Verifizierungsverfahren zu definieren, die eine strukturierte Fehleridentifikation, Ursachenanalyse und Fehlerbeseitigung sowie den korrespondierenden Know-how-Transfer zwischen Entwicklern und Release-Verantwortlichen sicherstellen. Eine besondere Bedeutung kommt dabei der Versionskontrolle zu. Nur eine exakte Dokumentation der Konfiguration der Testumgebung (inklusive aller verwendeten IT-Komponenten) sowie die chronologische Dokumentation aller vorgenommenen Veränderungen stellen die Rekonstruierbarkeit von Fehlern sicher. Die Versionskontrolle mittels definierter Baselines ist die Voraussetzung für eine systematische Fehlerbehandlung, da nur so sichergestellt werden kann, dass ein gegebenenfalls auftretender Fehler auch in der richtigen Version dauerhaft behoben wird. Die Dokumentation der Baselines erfolgt im CMS.

Versionskontrolle sichert Rekonstruierbarkeit der Fehlerbeseitigung.

Auf Basis der in den Release-Plänen spezifizierten Testkonzepte werden Releases funktional und operational getestet. Zu prüfen sind zum Beispiel die Installierbarkeit, die Integration in die bestehende IT-Infrastruktur, die Auswirkungen auf die Systemstabilität sowie das Leistungsverhalten. Funktionalitätstests simulieren, ob nach der Implementierung eines Release die ursprünglich bezweckten Auswirkungen tatsächlich auftreten.

Validierung von Releases

Pilotierung empfehlenswert

Bei der Einführung von neuen oder substanziell veränderten IT-Services ist nach erfolgreicher Verifizierung des Release in der Testumgebung zunächst eine Pilotierung mit einer kleineren Gruppe von Anwendern zu empfehlen, um die praktische Funktionsfähigkeit unter operativen Bedingungen zu analysieren. Ein strukturierter Feedbackprozess ist die Basis für eine systematische und umfassende Auswertung dieser ersten Erfahrungen, aus der sich in der Regel wertvolle Hinweise auf die Funktionsfähigkeit, die Praktikabilität, das Leistungsverhalten sowie Zufriedenheitskriterien der Nutzer ableiten lassen.

Im Vorfeld müssen Pilotierungsziele bestimmt und mit den Pilot-Anwendern abgestimmt werden. Diese Ziele müssen sich an den eigentlichen Anforderungen und Gestaltungszielen des IT-Service sowie den spezifizierten Validierungsverfahren, die im Rahmen des Service Designs als Bestandteil des Service Package definiert worden sind, orientieren. Wie im IT-Service-V-Modell (siehe Abb. 4–10) deutlich wird, muss der Validierungsprozess also den gesamten Lebenszyklus des IT-Service abdecken und für die unterschiedlichen Gestaltungsebenen entsprechende Testverfahren definieren, welche die anforderungsgerechte Implementierung des IT-Service sicherstellen.

Auswirkungen auf das Service Management sind zu beachten.

Die Validierung darf sich jedoch nicht auf die praktische Funktionsfähigkeit der IT-Services beschränken. Das Release Management muss auch sicherstellen,

- dass die neuen bzw. veränderten IT-Services durch Kunden und/oder Nutzer bestellbar sind,
- dass die Integration der neuen bzw. veränderten IT-Services in die Service-Management-Prozesse sichergestellt ist (inklusive ausreichender Verfügbarkeit, Kapazität, Erfüllung der Sicherheits- und Continuity-Anforderungen),
- dass interne und externe Zulieferungen abgesichert sind und
- dass die neuen bzw. veränderten IT-Services abgerechnet und das IT-Controlling sowie Reports angepasst werden.

Dokumentation von Releases

Nach Abschluss der Test- und Pilotierungsphase wird das resultierende Release eingefroren und als Baseline (Standardkonfiguration) in der DML (Definitive Media Library) gespeichert. Bei der DML handelt sich um ein logisches Laufwerk, auf dem alle freigegebenen und autorisierten Software-CIs gespeichert sind. Um sicherzustellen, dass die »richtigen« (final getesteten) Release-Versionen verwendet werden, ist bei der späteren Softwareverteilung auf die Produktivumgebung zu beachten, dass ausschließlich Versionen aus der DML verwendet werden. Dies schließt auch die Pilotierungssysteme ein, die zurückgeführt bzw. zurückgesetzt werden müssen.

Finale Version wird in der DML gespeichert.

Release-Implementierung

Je nach Inhalt und Umfang des Release umfasst die Implementierung recht unterschiedliche Aktivitäten. Die in den Release-Plänen aufgeführten Aktivitäten sind während der Implementierungsphase vom Release Management anforderungsgerecht umzusetzen. Typische Durchführungsaufgaben des Release Managements sind:

- Steuerung physischer Logistikprozesse (Beschaffung, Distribution, Lagerung, Transport usw.)
- Transfer von IT-Vermögenswerten (Service Assets), inklusive gegebenenfalls notwendiger Bestandsanpassungen (*z. B. Anlagenbuchhaltung, Kostenstellenrechnung usw.*)
- Paketierung und Distribution der Softwareversion auf entsprechende Depot-Server
- Verteilung der Software auf die Zielrechner
- Anpassung des CMS (Dokumentation der veränderten CIs)
- Anpassung der Berechtigungskonzepte (Access Management)
- Berücksichtigung der Auswirkungen auf das Lizenzmanagement (Beschaffung bzw. Kündigung von Lizenzen)
- Rückführung inaktiver und redundanter IT-Komponenten (*z. B. Hardware, Reduktion der notwendigen Speicherkapazitäten nicht benötigter Lizenzen oder Serviceverträge*)
- Schulungsaktivitäten (*z. B. für das technische Management oder für Anwender*)
- Anpassung von Prozess-, Verfahrens- und Applikationsdokumentationen sowie Handbüchern
- Anpassung der Service-Management-Prozesse und der zugehörigen Tools

Wiederherstellbarkeit
der Ausgangssituation
sichern

Ein sorgfältig getestetes und autorisiertes Release ist kein Garant dafür, dass die Änderungen in der Produktivumgebung fehlerfrei funktionieren und die Systemstabilität nachhaltig gewährleistet ist. In diesem Zusammenhang gewährleisten Back-out-Pläne die Umkehrbarkeit und Wiederherstellung der Ausgangssituation vor Beginn der Release-Installation. Diese werden in der Verantwortung des Change Managers erstellt und vom Release Manager auf ihre Praktikabilität hin geprüft. Die jederzeitige Wiederherstellbarkeit der Ausgangssituation erfordert entsprechende Datensicherungen und Ersatzsysteme, deren Verfügbarkeit im Vorfeld sichergestellt und vor der Freigabe geprüft werden sollte. Ein entsprechender Zeitplan definiert, bis wann der Back-out-Prozess spätestens einzuleiten ist, damit der ursprüngliche Service rechtzeitig wieder zur Verfügung steht.

Support einer Einführungsphase

Zusätzliche Kapazitäten
für den Einführungs-
support bereitstellen

Bei komplexen Releases ist während der Einführungsphase häufig ein rasanter Anstieg von Nutzeranfragen und Incidents zu verzeichnen. Um diesen Spitzen nicht unvorbereitet zu begegnen, müssen die Service-Management-Kapazitäten den kurzfristigen Schwankungen der Nachfrage proaktiv angepasst werden (Early Life Support). Die Bereitstellung von zusätzlichen Kapazitäten für den Einführungs-Support muss im Rahmen der Release-Planung berücksichtigt und nach der Release-Implementierung umgesetzt werden. Dauer und Höhe dieser zusätzlichen Kapazitäten lassen sich dynamisch an definierte Größen knüpfen wie beispielsweise an die Anzahl der Serviceaufträge, das Störungsaufkommen oder entsprechende Meilensteine wie die Einhaltung der Service Level oder den Abschluss der Schulungsmaßnahmen.

Abschluss des Release-Projekts

Der formale Abschluss des Release-Projekts sollte sicherstellen, dass das Erreichen des Ziels in Bezug auf die ursprüngliche Planung beurteilt wird. Dieser Review sollte die Projektkalkulation, die Nutzer- und Kundenzufriedenheit, die Performance, unerledigte Aufgaben und offene Abschlussarbeiten sowie die Risikobewertung und die gewonnenen Erfahrungen des Release-Teams beleuchten.

4.4.3   Steuerung des Prozesses

Anknüpfend an die Zielsetzungen des Release Managements, negative Auswirkungen auf den operativen Betrieb möglichst zu minimieren, setzt die Prozesssteuerung auf zwei Ebenen an: Auswirkungen auf den Nutzer und Effizienz des Release-Projekts.

Die Wahrnehmung von Beeinträchtigungen durch den Nutzer ist zwangsläufig ein subjektives Konstrukt. Idealerweise bemerkt der Nutzer ein neues Release nicht oder nur durch neue und/oder veränderte Funktionalitäten. Sollten sich Einschränkungen nicht vermeiden lassen, lässt sich die Zufriedenheit der Nutzer mit der Handhabung des Rollouts nur empirisch erfassen. Dass die ungeplante Unterbrechung eines Service eine negative Auswirkung darstellt, lässt sich kaum bestreiten. Inwiefern jedoch die Einschränkung von Flexibilität und/oder Leistung (*z. B. Bandbreite*) als Einschränkung empfunden wird, hängt häufig von der konkreten Situation des Nutzers sowie vom Erfolg der Maßnahmen der Erwartungssteuerung ab (*z. B. durch Vorabinformationen*).

Wahrnehmung des Nutzers beeinflussen

Die zweite Ebene der Prozesssteuerung setzt an der Effizienz der einzelnen Release-Projekte an. Folgende Kennzahlen helfen, einen Überblick zu gewinnen:

- Anzahl der zeitgerecht implementierten Releases
- Anzahl der Release-Projekte mit eingehaltenem Budget
- Anzahl der gescheiterten Releases
- Anzahl der gefundenen Bugs und Fehler

4.4.4   Erfolgsfaktoren der Umsetzung

Das Release Management bildet eine Schnittstelle zwischen Softwareentwicklung (für Applikationen) und/oder Einkauf/Logistik (für Hardware) und dem IT-Betrieb. Je besser das Release Management den Informationstransfer und den Interessenausgleich zwischen den beteiligten Organisationseinheiten unterstützt, desto höher ist die Wahrscheinlichkeit für die fehlerfreie Einführung von Releases. Die Entwicklung einer stabilen Prozesslogik, deren Einhaltung von allen Beteiligten getragen wird, ist dabei eine wesentliche Voraussetzung.

Unzureichende Testverfahren sind für eine Vielzahl von gescheiterten Releases verantwortlich. Für komplexere Releases sind eine realistische Laborumgebung und funktionierende Pilotierungsverfahren von entscheidendem Vorteil. Je besser es gelingt, die neuralgischen Punkte der Produktivumgebung mithilfe entsprechender Simulationen abzubilden, desto geringer ist die Wahrscheinlichkeit, dass ein Release scheitert.

Testverfahren häufig unzureichend

Der verantwortliche Release Manager muss durch ein projektbegleitendes Risikomanagement sicherstellen, dass Rollouts planmäßig ablaufen und unvorhergesehene Beeinträchtigungen der Nutzer ausbleiben. Generell ist es hilfreich, Release-Prozesse nicht ausschließlich aus technischer Sicht, sondern auch aus der Perspektive der Anwender zu betrachten.

4.5   Servicevalidierung und -Test

Zweck	▪ Sicherstellung, dass neue oder veränderte IT-Services die notwendigen Eigenschaften aufweisen
wichtige Aktivitäten	▪ Test Management ▪ Planung, Durchführung, Dokumentation, Bewertung von Tests ▪ Abschluss und Übergabe
Methoden/ Tools	▪ Einsatz von getrennten Testumgebungen, die der Produktiv- umgebung möglichst genau entsprechen ▪ Nutzung von angepassten Test-Drehbüchern, die sich an den Serviceakzeptanz-Kriterien orientieren
Output	▪ Changes und Releases, die in einer Laborsituation durch Simula- tion in Bezug auf vordefinierte und messbare Kriterien auf ihre notwendigen Eigenschaften erfolgreich getestet wurden
Bewertung	▪ Der Prozess ist integraler Bestandteil des Release und Deploy- ment Managements und wurde in der Version 3 als eigenständi- ger Prozess definiert.
Beispiel	▪ Die Kreditkartenabrechnung in den Filialen einer Modekette dau- erte in Spitzenzeiten bis zu 30 Sekunden, bevor ein Zahlungsvor- gang abgeschlossen werden konnte. Der Change Request sah eine grundlegende Überarbeitung der Abwicklungssoftware und die Erhöhung der Bandbreiten der Netzanbindung vor. In einer Testumgebung wird überprüft, wie sich die überarbeitete Lösung unter Last und mit verschiedenen Endgeräten (Kassensysteme verschiedener Hersteller) verhält. Für alle relevanten Kombinatio- nen werden definierte Geschäftsvorfälle.(Abbuchung, Storno, ...) getestet und Transaktionszeiten werden dokumentiert.

Ausgangspunkt der Servicevalidierung ist die Formulierung einer Test-strategie, die bereits als integraler Bestandteil der Servicegestaltung in der Phase des Service Design festzulegen ist und in Form des Service Design Packages (SDP) an Service Transition übergeben wird. Als übergreifender Ansatz bildet die Teststrategie die Grundlage des ope-rationalen Testprozesses. Festzulegende Inhalte sind bspw. die Ziele der Tests, ggfs. zu beachtende Standards, Verträge und Vereinbarun-gen, Spezifikation der Testobjekte, Vorgaben bei der Entwicklung von Testszenarien, Messgrößen, Testniveaus, Qualifikationsanforderungen des Testpersonals, Schnittstellen, Anforderungen an Testumgebungen, Spezifikation der Testergebnisse, Dokumentationsrichtlinien und Abnahmekriterien.

4.5.1   Ziele des Prozesses

Über den Prozess Servicevalidierung und -test soll sichergestellt wer-den, dass ein IT-Service den definierten Wertbeitrag zum Geschäft des

Kunden liefert mit anderen Worten, dass der neue oder veränderte IT-Service die beabsichtigten Wirkungen auch tatsächlich hervorbringt (*z.B. in Bezug auf Kundenanforderungen, Funktionalität oder Servicelevel*). Dies bezieht sich sowohl auf seine Zweckmäßigkeit (notwendige Funktionalitäten) vor dem Hintergrund des erwarteten Nutzens als auch auf seine Gebrauchstauglichkeit (Verfügbarkeit, Reaktionszeiten, Durchsatz, ..). In diesem Zusammenhang wird deutlich, dass ein strukturiertes Testen klar definierter Anforderungen bedarf. Dazu bedient sich der Prozess den im Service Design festgelegten Service Akzeptanz Kriterien sowie den im V-Modell daraus operationalisierten Verfügbarkeits- und Eignungsanforderungen (siehe Abbildung 4–10).

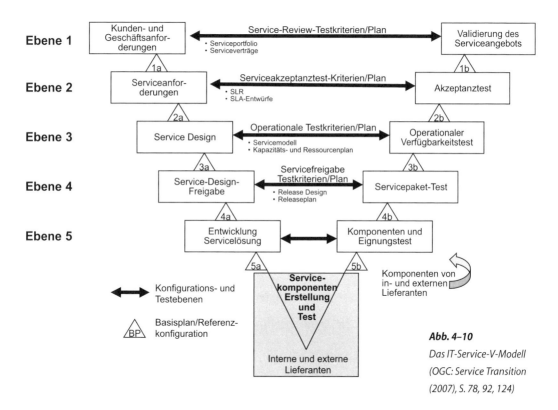

Abb. 4–10

Das IT-Service-V-Modell (OGC: Service Transition (2007), S. 78, 92, 124)

4.5.2   Prozessaktivitäten

Die Basis eines strukturierten Testprozesses ist eine begleitende Planung und Steuerung der verschiedenen Prozessaktivitäten. Das Testmanagement stellt die Koordination und Qualitätssicherung der einzelnen Testschritte sicher, überwacht den Prozess, disponiert Ressourcen, dokumentiert Testergebnisse, koordiniert die Fehlerhand-

Koordination der Tests

habung und initiiert die Fehlerbeseitigung und stellt entsprechende
Reports bereit.

- Testplanung und -gestaltung: Ressourcenplanung, Meilenstein-
  planung, Sicherstellung der notwendigen Ressourcen, Personal-
  planung
- Verifizierung des Testplans und -entwurfs: Freigabe der Testplanung
- Vorbereitung der Testumgebung: Aufbau einer möglichst repräsen-
  tativen Laborsituation
- Durchführung der Tests: Testfälle und Skripte werden dokumentiert abgearbeitet; Dokumentation der Testergebnisse
- Bewertung der Abschlusskriterien und Bericht: Soll-Ist-Vergleich
  der Testergebnisse mit den ex ante definierten Anforderungen
- Aufräumen und Abschluss: Testumgebung für weitere Tests in den
  definierten Ursprungszustand versetzen

4.5.3   Steuerung des Prozesses

*Anzahl gefundener
Fehler nicht aussagefähig*

Die Qualität des Prozesses Servicevalidierung und -test lässt sich isoliert so wenig aus der Anzahl der gefundenen Fehler ableiten, wie die
Dauer von Tests ein Indiz für die Sorgfältigkeit darstellt. Letztlich ist
allein die spätere Fehlerhaftigkeit der getesteten IT-Services maßgeblich. Das Problem Management sollte Incidents demzufolge auch vor
dem Hintergrund analysieren, warum der Servicevalidierungsprozess
die auftretenden Fehler nicht aufdecken konnte. Entsprechend sind
Testfälle und Drehbücher zu überarbeiten.

4.5.4   Erfolgsfaktoren der Umsetzung

- Möglichst hoher Deckungsgrad zwischen Test- und Produktivumgebung
- ständige Überarbeitung, Aktualisierung und Individualisierung der
  Testfälle und Drehbücher an die vorgenommenen Veränderungen

4.6   Evaluation

Zweck	▦ Feststellung, ob neue oder veränderte IT-Services den vereinbarten Anforderungen genügen
wichtige Aktivitäten	▦ Erstellung eines Evaluationsplans ▦ Spezifizierung der Change-Konsequenzen ▦ Bewertung der Ist-Leistung ▦ Risikoanalyse
Methoden/ Tools	▦ keine
Output	▦ Dokumentierte Entscheidungsgrundlage für das Change Management für die Entscheidung über den Abschluss eines Changes
Bewertung	▦ Der Prozess ist integraler Bestandteil des Change Management und wurde in der Version 3 als eigenständiger Prozess definiert.
Beispiel	▦ Die Kreditkartenabrechnung in den Filialen einer Modekette dauerte in Spitzenzeiten bis zu 30 Sekunden, bevor ein Zahlungsvorgang abgeschlossen werden konnte. Der Change Request sah eine grundlegende Überarbeitung der Abwicklungssoftware und die Erhöhung der Bandbreiten der Netzanbindung vor. Mit den Vertretern der Fachseite wurde vereinbart, dass ein Zahlungsvorgang in Zukunft unabhängig von der Auslastung maximal 10 Sekunden in Anspruch nehmen darf. Nach vorläufiger Freigabe der Implementierung wertet der Change Manager gemeinsam mit der Fachabteilung entsprechende Messergebnisse der Produktivumgebung aus.

Steckbrief Evaluation

ITIL definiert Evaluation als einen allgemeinen Prozess, der überprüfen soll, ob die Leistungsfähigkeit sowie das Preis-Leistungs-Verhältnis des neuen oder geänderten IT-Service annehmbar sind.

4.6.1   Ziele des Prozesses

Die Entscheidung, ob ein Change seinen Zweck erfüllt hat, soll durch einen strukturierten Prozess objektiviert werden. Die Abnahmeentscheidung darf nicht von der selektiven Wahrnehmung Einzelner abhängen, die durch deren subjektive Erwartungen dominiert ist. Ein objektiver Entscheidungsprozess bedingt, dass die beabsichtigten Auswirkungen im Vorfeld eindeutig definiert wurden (Abnahmekriterien) und dass der Initiator des Service Change (Auftraggeber) diese auch akzeptiert hat.

Abnahme an objektiven Kriterien orientieren

4.6.2   Prozessaktivitäten

Abb. 4–11
Evaluationsprozess
(OGC: Service Transition
(2007), S. 141)

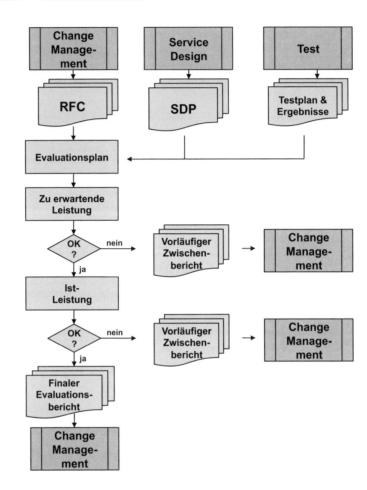

Abb. 4–11
Evaluationsprozess
(OGC: Service Transition
(2007), S. 141)

Kernaktivitäten
der Evaluation

Der Evaluationsprozess (siehe Abb. 4–11) stützt sich auf Inputs aus den Prozessen Change Management, Service Design und Servicevalidierung und -test. Der Output (Evaluationsbericht) wird an das Change Management zurückgeliefert. Der Prozess unterteilt sich in drei Kernaktivitäten:

1. Bewertungsplan: Erfassung der benötigten Informationen aus Service Design Packages und den Testergebnissen
2. Bewertung der zu erwartenden Leistung: Risikobewertung vor dem Hintergrund des Abgleichs der Testergebnisse mit den Vorgaben des Kunden (Service-Akzeptanzkriterien); gegebenenfalls Erstellung von Abweichungsanalysen und eines vorläufigen Evaluationsberichts

3. Bewertung der Ist-Leistung: Nach vorläufiger Freigabe der Implementierung wird geprüft, ob der Service auch in der Produktivumgebung das geforderte Leistungsverhalten aufweist; Erstellung des Abschlussberichts

4.6.3 Steuerung des Prozesses

Neben den Kennzahlen, die zur Steuerung des Change Managements Anwendung finden, lässt sich die Prozessqualität der Evaluation mit folgenden KPIs abbilden:

Anzahl und Prozentsatz der Changes, die die Anforderungen nicht erfüllen und daher nicht freigegeben wurden
Incident-Volumen nach Einführung von Changes
Dauer und Aufwand des Evaluationsprozesses

4.6.4 Erfolgsfaktoren der Umsetzung

Der Prozess Evaluation war in der ITIL Version 2 ein integraler Bestandteil des Change Management (Post Implementation Review). Der Autor empfiehlt diesen Prozess nicht getrennt zu institutionalisieren oder die Verantwortlichkeit für diese Aktivitäten einer getrennten Rolle zuzuweisen. Die durchgängige Verantwortung des Change Managers und damit seine qualitätssichernde Funktion in Bezug auf den Change-Prozess in seiner Gesamtheit sollten nicht durch die Delegation der Bewertungsaktivitäten auf eine andere Rolle unterbrochen werden.

Evaluation als Bestandteil des Change Managements

4.7   Knowledge Management

Zweck	▪ Optimale Entscheidungsqualität durch Sicherstellung von verlässlichen und gesicherten Informationen
wichtige Aktivitäten	▪ Formulierung einer Wissensmanagement-Strategie ▪ Organisation des Wissenstransfers ▪ Daten- und Informationsmanagement
Methoden/ Tools	▪ Service Knowledge Management System (SKMS) ▪ Foren im Inter- und Intranet
Output	▪ Wissensdatenbank
Bewertung	▪ Erweiterung des etablierten CMS um unstrukturierte Informationen. Grundsätzlich sinnvoll, allerdings ist die Ex-ante-Definition der Informationsinhalte in der praktischen Ausgestaltung wenig praktikabel.
Beispiel	▪ Der Change Manager erhält aus der Logistikabteilung vom stellvertretenden Abteilungsleiter einen RfC über funktionale Erweiterungen der Kommissionierungssoftware. Der Change Manager diskutiert den RfC mit dem Service Manager und erfährt, dass die funktionalen Anforderungen schon innerhalb der Logistikabteilung kontrovers diskutiert wurden. Das Change Advisory Board wird daraufhin um Vertreter der verschiedenen Lager erweitert. Die gesamte Diskussion unter Einbeziehung aller beteiligten Spezialisten macht schnell deutlich, dass beide Optionen, die in der Logistikabteilung diskutiert wurden, den Anforderungen nicht gerecht werden. Der RfC wird zurückgezogen, und es wird ein gemeinsames Projekt aufgesetzt, welches die Anforderungen mit den technischen Möglichkeiten abgleichen soll.

CMDB als Herzstück des CMS
Die Grundlage des Service Knowledge Management Systems bildet das Configuration Management System (CMS) mit seinem Herzstück der Configuration Management Database (CMDB) angereichert um unstrukturierte Informationen wie beispielsweise

▪ Anforderungen und Erwartungen der Serviceauftraggeber, Lieferanten und Partner
▪ operative Erfahrungen und Fähigkeiten der Mitarbeiter
▪ Typische Verhaltensweisen von Anwendern
▪ Probleme während des Entwicklungsprozesses
▪ typische Schwierigkeiten bei der Leistungserbringung

4.7.1   Ziele des Prozesses

Das Ziel des Knowledge Managements ist es, eine möglichst breite Nutzung des in der Organisation verfügbaren und verteilten Wissens zur Optimierung der Entscheidungsqualität sicherzustellen. Der Knowledge-Management-Prozess nach ITIL unterscheidet sich in seiner Zielsetzung nicht grundsätzlich von den Wissensmanagement-Ansätzen, die sich in der betriebswirtschaftlichen Literatur finden[2].

4.7.2   Prozessaktivitäten

1. Formulierung einer Wissensmanagement-Strategie: Service-Management-relevantes Wissen entsteht an vielen Stellen der Organisation. Nur auf Basis einer übergeordneten Wissensmanagement-Strategie, welche die Ziele, Grundsätze, Methoden, Rollen, Systeme, Verantwortlichkeiten und Budgets für das Wissensmanagement definiert, kann entschieden werden, welches Wissen für die Organisation erfolgskritisch ist und wie die Dokumentation und die Pflege erfolgen sollen.
2. Organisation des Wissenstransfers: Auf Basis der Analyse von Wissensstand und Wissensbedarf ergibt sich gegebenenfalls eine Wissenslücke, die mit gezielten Verfahren zum Wissenstransfer geschlossen werden kann. Verfahren zum Wissenstransfer umfassen u.a. Visualisierung, Kodierung in Verfahrensanweisungen und Verhaltensanweisungen (*z.B. Checklisten für die Entstörung*), Weiterbildung der Mitarbeiter durch Seminare/Webinare, Push-Medien (*z.B. Service Newsletter*).
3. Daten und Informationsmanagement: Definition der Informationsarchitektur, Festlegung wissensrelevanter Daten und Informationen, Definition von Prozessen für die Erfassung und Pflege von Daten und Informationen.

4.7.3   Steuerung des Prozesses

KPIs, die die Effizienz des SKMS abbilden, sind

- Entwicklung des Störungsaufkommens pro Client/Server
- Anzahl beantworteter Fragen
- Problemlösungszeiten

4.7.4   Erfolgsfaktoren der Umsetzung

Wissen und Erkenntnis sind in der Regel situationsabhängig. Erkenntnis ist sowohl ein individueller als auch ein dynamischer Prozess. Für eine Organisation ist es häufig schwierig, ex ante zu definieren, was für welches Organisationsmitglied wann relevantes Wissen darstellt. In Zeiten der Informationsflut ist zu beachten, dass eine zu breite Wissensverteilung nach dem Push-Prinzip tendenziell zu Sättigung, Frustration und Ablehnung führt.

Gefahr der Informationsflut vermeiden

---

2. siehe bspw. Wilke (2001) oder Gilbert et al. (2006)

5   Service Operation

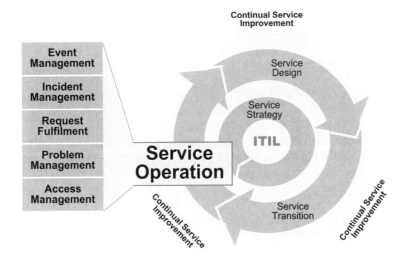

Continual Service
Improvement

Event
Management

Incident
Management

Request
Fulfilment

Problem
Management

Access
Management

Service
Design

Service
Strategy

ITIL

**Service
Operation**

Service
Transition

Continual Service
Improvement

Continual Service
Improvement

Abb. 5–1
Das ITIL-Modul
Service Operation

Innerhalb des ITIL-Frameworks beschreibt das Modul Service Operation Best-Practices-Lösungen, die für das Management des operativen IT-Betriebs von Bedeutung sind. Service Operation zielt auf die Optimierung der Support- und Leistungserstellungsprozesse ab, um letztlich Kunden und Nutzern von IT-Services einen optimalen Nutzen zu ermöglichen. Bildlich gesprochen handelt es sich bei Service Operation um die »Fabrik« der IT. Hier werden die Services produziert, hier entscheidet sich, was funktioniert. Aufwendungen in die sorgfältige Planung und Implementierung von IT-Services verpuffen nutzlos, wenn die zur Realisierung notwendigen operativen Prozesse und Tools nicht adäquat funktionieren.

Service Operation ist die
»Fabrik« der IT.

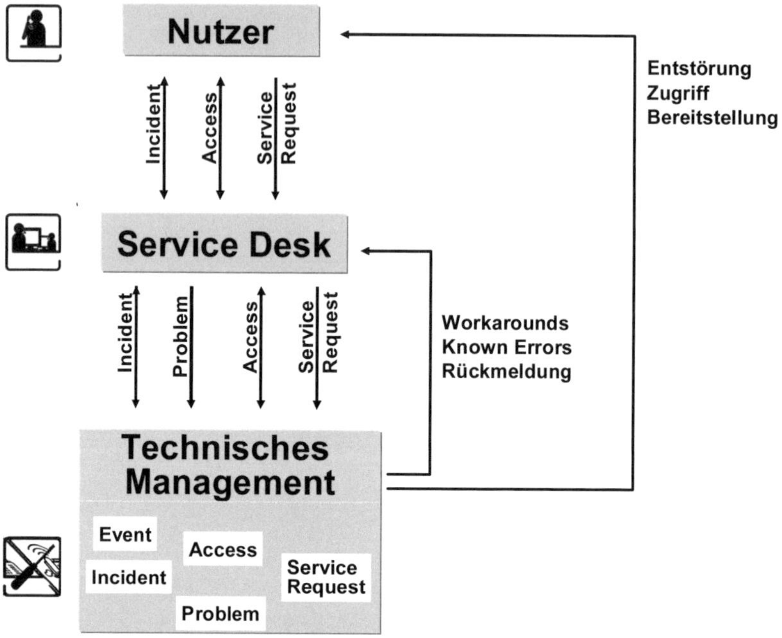

Abb. 5–2
Service-Operation-
Prozesse im
Zusammenhang

Wichtige Prozesse Service Operation ist weder eine Organisationseinheit noch ein einzelner Prozess, vielmehr werden eine Reihe von Funktionen und Prozesse
einer einheitlichen Betrachtung unterzogen. Die wichtigsten Prozesse
sind:

- Event Management
- Incident Management
- Request Fulfilment
- Problem Management
- Access Management

Die einzelnen Service-Operation-Prozesse werden auf den folgenden
Seiten im Detail vorgestellt. Vorangestellt finden sich einige Aussagen
zu den Grundlagen eines operativen IT-Betriebs.

5.1 Grundlagen

Die Betrachtung des IT-Betriebs von außen erweckt häufig den Anschein, dass für die Mitarbeiter im operativen Tagesgeschäft technische Aspekte dominieren. Dies resultiert nicht zuletzt aus einer technikdominierten Terminologie, die die Kommunikation zwischen den Mitarbeitern der IT-Organisation und den Fachabteilungen erschwert. Die immer noch zunehmende Komplexität und der weiter ansteigende Spezialisierungsgrad machen es für den Einzelnen immer schwieriger, die Bedeutung einzelner Systeme und Komponenten für das Gesamtsystem zu überblicken. Das Modul Service Operation ergänzt das technische Management, welches den Betrieb der IT-Infrastruktur verantwortet, um die Service-Management-Aufgaben, die sich aus der Implementierung des IT-Service-Lebenszyklus ergeben. Die in diesem Modul beschriebenen Prozesse tragen dazu bei, dass der IT-Betrieb auf der einen Seite eindeutig definierte Leistungen in erforderlicher Qualität erbringt und auf der anderen Seite schnell und flexibel auf Veränderungen reagieren kann.

Service Operation ergänzt das technische Management.

5.1.1 Zielkonflikte

Die zuvor skizzierten Anforderungen führen zu einer Reihe von Zielkonflikten, denen sich das operative IT-Management stellen muss:

Qualität vs. Kosten

Zunächst stellt sich ganz grundsätzlich die Frage, welche Qualität zu welchen Kosten eine optimale Abdeckung der Anforderungen erlaubt. Die ausschließliche Orientierung an den Qualitätsanforderungen führt zu ausufernden Budgets (siehe Abb. 5–3). Die einseitige Optimierung von IT-Kosten zulasten der Geschäftsanforderungen kann erhebliche Beeinträchtigungen und Umsatzausfälle zur Folge haben.

Einseitige Orientierung führt zu ausufernden Budgets.

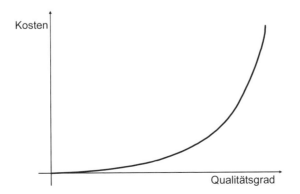

Abb. 5–3
Zielkonflikt Qualität vs. Kosten

Technik vs. Kundenanforderungen

Balance zwischen interner (technischer) und externer (Business) Orientierung

Des Weiteren ist die Balance zwischen interner (technischer) und externer (Business) Orientierung zu nennen. Nicht jede technische Neuerung, die eine Standardsoftware bietet, ist für die bestehenden Geschäftsprozesse von Nutzen. Auf der anderen Seite lässt sich nicht jede Prozessänderung effizient und zu vertretbaren Kosten in den unterstützenden IT-Systemen abbilden.

Stabilität vs. Flexibilität

Veränderungsnotwendigkeit vs. Instabilität

Ein weiterer systemimmanenter Zielkonflikt ist die Balance zwischen Stabilität und Reaktionsfähigkeit auf notwendige Veränderungen. Eine wesentliche Aufgabe von Service Operation ist es, eine stabile IT-Infrastruktur mit einer definierten Verfügbarkeit bereitzustellen. Der Komplexitätsgrad der IT-Infrastruktur korreliert jedoch mit der Instabilität, die durch eine hohe Veränderungsrate verursacht wird. Mit anderen Worten: Je komplexer die IT, desto fragiler reagiert sie auf Veränderungen. Eine Überbetonung der Reaktionsfähigkeit gefährdet die Stabilität.

Reaktiv vs. proaktiv

Letztendlich muss der Service Provider ein Gleichgewicht zwischen reaktiver und proaktiver Orientierung finden. Weder eine zu reaktive Orientierung, bei der die IT-Organisation generell nur auf eine explizite Anforderung tätig wird, noch eine zu proaktive Orientierung, bei der ein hoher Anteil der Ressourcen auf das Screening und die Pilotierung von potenziellen neuen IT-Lösungen verwendet wird, von denen nur ein Bruchteil eingesetzt wird, sind zielführend.

Service Operation zwingt zu einer integrativen Betrachtung von Service Management und operativen Anforderungen, die aus dem technischen Betrieb der Infrastruktur resultieren.

5.1.2   Aktivitäten des operativen IT-Betriebs

Wichtige operative IT-Aufgaben

Bevor die einzelnen Prozesse von Service Operation im Detail vorgestellt werden, soll im Folgenden ein kurzer Überblick über die inhaltliche Ausprägung des Bereichs gegeben werden. Wichtige operative IT-Aktivitäten und -Aufgaben erstrecken sich auf:

Job Scheduling (Ausführung von Standardroutinen und Standard-
analysen, Abfragen, Reports)

Datensicherung und Wiederherstellung (Umsetzung des Service-
Kontinuitätsplans, Durchführung von Back-ups sowie System-
und/oder Datenwiederherstellung (Recovery))

Mainframe Management (Wartung des Betriebssystems, 3rd Level
Support, Systemprogrammierung, Schnittstellenmanagement)

Server Management und Support (Wartung des Betriebssystems,
3rd Level Support, Sicherheitseinstellung, Belastungsmanagement,
Verteilung von Patches und Updates)

Licence Management (Erfassung, Dokumentation und Abrechnung von Softwarelizenzen für Server und Clients)

Netzwerk-Management (Installation und Wartung aktiver und
passiver Netzwerkkomponenten (Router, Switches), Verwaltung
von IP-Adressen)

Speicherservices (Information Lifecycle Management inklusive
Archivierung, Betrieb von Speicherkomponenten (Network Attached
Storage, NAS; Storage Area Networks, SANs))

Datenbankadministration (Datenbankdesign, Sicherung der Verfügbarkeit, Leistungsoptimierung, Analyse des Transaktionsvolumens, Auswertungen und Reports)

Directory Services (Verwaltung von Verzeichnisdiensten, in denen
die relevanten Daten von Benutzern und IT-Komponenten – Rechner, Ressourcen, Netzwerkkomponenten, Peripheriegeräte usw. –
abgelegt sind.)

Desktop Service und Support (Bereitstellung, Installation, Wartung
und Entsorgung von Endgeräten – PCs, Laptops, PDAs usw. –, mit
denen Benutzer auf IT-Services zugreifen)

Middleware Management (Datenaustausch zwischen Applikationen, Schnittstellenmanagement)

Softwareverteilung (Paketierung, netzbasierte Verteilung von Softwarepaketen auf Server und Clients)

Rechenzentrumsbetrieb (Facility Management – Zutrittskontrolle,
Klima, Stromversorgung –, Installation und Betrieb von Applikationen, Systemmanagement)

Security Management (Umsetzung von Kontroll-, Überwachungs-
und Trainingsmaßnahmen)

Internet- und Intranet-Management (Installation und Betrieb von
Internet-/Intranet-Servern und Content-Management-Systemen)

5.1.3   Service-Operation-Organisation

Individuelle organisatorische Lösungen erforderlich

Die organisatorische Gestaltung des operativen IT-Betriebs wird, wie die Organisation anderer operativer Aufgabenbereiche auch, von einer Vielzahl von Faktoren beeinflusst: Branche, Größe des Unternehmens, Anzahl und Fähigkeiten der Mitarbeiter, regionale Ausdehnung, Heterogenität der Geschäftsfelder und Geschäftsmodelle usw. führen zu unterschiedlichen betrieblichen Anforderungen, die der operative IT-Betrieb abdecken muss. Diese Komplexität verlangt individuelle organisatorische Lösungen. In den folgenden Ausführungen finden sich daher keine Best-Practices-Organigramme für Service Operation, da es solche nicht gibt. Allerdings existieren zwei elementare Funktionen, die der Erläuterung bedürfen: der Service Desk und das technische Management. Beide Funktionen müssen nicht notwendigerweise eine 1:1-Entsprechung im Organigramm des Service Providers finden.

Service Desk

Erreichbarkeit bestimmt Kundenzufriedenheit.

Der Service Desk ist eine definierte Anlaufstelle (single point of contact), an die sich die IT-Nutzer im Falle von Unterstützungsbedarf wenden können. Je nach Größe des Unternehmens und dem Call-Aufkommen finden sich sehr unterschiedliche Ausprägungen von Service Desks. Am unteren Ende der Skala ist der Service Desk eine definierte Rufnummer, eine Website oder ein Postfach, über die ein verantwortlicher IT-Mitarbeiter Störungsmeldungen und Anfragen entgegennimmt. In kleinen IT-Organisationen nehmen Servicetechniker diese Aufgabe neben anderen technischen Aufgaben wahr. Am oberen Ende der Skala ist der Service Desk eine einem Call Center ähnliche Abteilung, in der eine Vielzahl von IT-Spezialisten bemüht sind, den Anforderungen der Anrufer bereits beim ersten Kontakt zu begegnen.

Unabhängig von den jeweiligen Ausprägungen ist die Erreichbarkeit des Service Desk ein wesentlicher Erfolgsfaktor für die Kundenzufriedenheit. Sie sollte sich also mindestens auf die üblichen Kernarbeitszeiten erstrecken. In international operierenden Unternehmen ergeben sich zusätzliche Anforderungen aufgrund verschiedener Zeitzonen und der Mehrsprachigkeit.

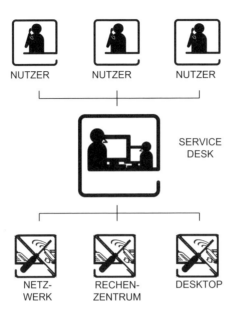

Abb. 5–4
Service Desk

Ein Service Desk fungiert als Schnittstelle zwischen den IT-Nutzern und denjenigen Mitarbeitern, die den Betrieb der Infrastruktur sicherstellen. Dabei werden zwei Funktionen abgedeckt: zum einen eine Vorqualifizierung von Anfragen und Störungsmeldungen, zum anderen deren zielgerichtete Verteilung. Beim Erstkontakt mit den IT-Nutzern haben die Mitarbeiter des Service Desk die Aufgabe, die Anfrage entsprechend zu qualifizieren, d.h. alle Informationen einzuholen und zu dokumentieren, die für die Effizienz der folgenden Abarbeitung von Bedeutung sind. Mithilfe der gewonnenen Informationen können die Nutzeranfragen zielgerichtet an zuständige Experten weitergeleitet werden.

Vorqualifizierung und Verteilung

Die Mitarbeiter des Service Desks werden häufig als Aushängeschild des Service Providers angesehen. In diesem Zusammenhang spielt die Auswahl der Mitarbeiter insbesondere in Bezug auf deren Serviceorientierung und Qualifikation eine besondere Rolle. Ein guter Service Desk kann vielfach Defizite der IT-Organisation kompensieren. Ein schlechter Service Desk hingegen hinterlässt beim IT-Nutzer stets einen schlechten Eindruck, egal wie effektiv die IT-Organisation dahinter arbeitet. Die Etablierung eines Service Desk geht mit folgenden Vorteilen einher:

Service Desk als Aushängeschild

- verbesserter Kundenservice, höhere Kundenzufriedenheit
- erhöhte Verfügbarkeit, verbesserte Kommunikation und Information
- schnellere Umsetzung von Kundenwünschen
- erhöhte Transparenz und Steuerbarkeit der Störungshandhabung

Technisches Management

Kernaufgabe:
Sicherstellung des
IT-Betriebs

Das technische Management umfasst alle Mitarbeiter, die der Service Provider einsetzt, um die IT-Infrastruktur zu betreiben. Bei der Vielzahl der vorgestellten Formalitäten, Aufgaben und Rollen, die für die Umsetzung der ITIL-Prozesse vom IT-Service-Management wahrgenommen werden müssen, tritt leicht in den Hintergrund, dass die eigentlichen technischen Aufgaben, die notwendig sind, um den IT-Betrieb sicherzustellen, einen Großteil der verfügbaren zeitlichen Ressourcen beanspruchen und den eigentlichen Kern des IT-Managements ausmachen. Die technischen Aufgaben sind nicht Bestandteil des ITIL-Standards, welcher sich ausschließlich auf das IT-Service-Management erstreckt.

Die Funktionen des technischen Managements erstrecken sich auf die Planung, Implementierung, Installation und die laufende Wartung der IT-Infrastruktur. Dazu sind fachliche Expertise und Know-how erforderlich, welche wegen der Dynamik technischer Entwicklungen im IT-Bereich permanent auf dem Laufenden zu halten sind.

Abb. 5–5
Typische Abteilungs-
aufteilung des
technischen IT-Betriebs

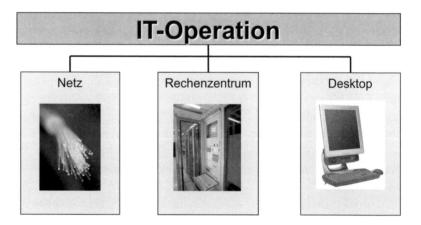

Die organisatorische Verankerung des technischen Managements erfolgt meist nach Spezialisierungskriterien. Teams oder Abteilungen werden häufig separat entlang der skizzierten Aufgabenbereiche (siehe vorangegangenen Abschnitt, Aktivitäten des operativen IT-Betriebs) oder aus Zusammenfassungen derselben gebildet. Auf der obersten Ebene findet sich häufig eine Einteilung in die Fachgebiete Netzwerk-Management, Rechenzentrum (Server- und Applikationsbetrieb) und Desktop Service.

5.2   Event Management

Zweck	▪ systemgestütztes Monitoring bestimmter Komponenten der IT-Infrastruktur (CIs) und Identifikation von Abnormalitäten
wichtige Aktivitäten	▪ Feststellen von Systemmeldungen, Ereignissen und Warn-signalen ▪ Beurteilen von Systemmeldungen, Ereignissen und Warnsignalen ▪ Einleiten von Maßnahmen zur Beseitigung der Ursache ▪ Aufgeben von Störungstickets, Problemtickets oder RfCs ▪ Analysieren der Ursache
Methoden/ Tools	▪ ereignisgesteuerte System-Management-Systeme
Output	▪ Verzeichnis aller Systemmeldungen (Event Log)
Bewertung	▪ Neuer Prozess, der aus dem Incident Management herausgelöst wurde. Positive Differenzierung, da automatisch generierte Systemmeldungen in der Vergangenheit das Incident-Volumen aufblähten.
Beispiel	▪ Der File-Server meldet ein Überschreiten des zuvor definierten Schwellenwertes von 90% der Auslastung der Speicherkapa-zitäten.

Steckbrief
Event Management

5.2.1   Ziele des Prozesses

Um die Auswirkungen von Störungen der IT-Infrastruktur auf die Geschäftsprozesse zu minimieren, ist es notwendig, IT-Komponenten mit Funktionsstörungen möglichst frühzeitig zu identifizieren. Das Event Management ist auf das proaktive Identifizieren von Störungs-ursachen ausgerichtet, sodass Störungen im Idealfall gar nicht erst ent-stehen bzw. die Störungsauswirkungen durch ein frühzeitiges Erken-nen minimiert werden. Dazu gewährleistet das Event Management eine durchgehende Kontrolle kritischer IT-Komponenten.

Proaktives Identifizieren von Störungsursachen

Die Überwachung der IT-Infrastruktur lässt sich nicht ausschließ-lich durch eine persönliche Beobachtung sicherstellen. Monitoring-Tools unterstützen daher den operativen IT-Betrieb bei der systemge-stützten Überwachung von IT-Services und CIs wie Netzwerk-Rou-tern, Applikationsservern, NAS-Systemen usw. Sie erzeugen automa-tisch Systemmitteilungen (Events) über die generelle Verfügbarkeit von IT-Services sowie operative Informationen (*z. B. CPU-Auslastung*), deren Handhabung im Mittelpunkt des Prozesses steht. In der prakti-schen Umsetzung ist das Event Management häufig ein integraler Bestandteil des technischen Managements.

Monitoring-Tools unterstützen die Überwachung.

In den vorangegangenen ITIL-Versionen wurden Events als Inci-dents behandelt. Dies machte Prozessdifferenzierungen in der Incident-Handhabung erforderlich, da eine Vielzahl von Events Warnmeldungen darstellen, die eine andere Handhabung erfordern als Systemstörungen.

5.2.2   Prozessaktivitäten

Abb. 5–6
Der Event-Management-
Prozess in einer
schematischen Übersicht

Feststellung von Systemmeldungen

Überwachung und Kontrolle des Systemzustands

Mit der Entscheidung über die Verwendung einer IT-Komponente, die im Service Design erfolgt, ist gleichzeitig festzulegen, für welche CIs eine proaktive Überwachung und Kontrolle des Systemzustands erforderlich ist. Viele IT-Komponenten liefern derartige Informationen standardmäßig, in anderen Fällen ist der Einsatz von Zusatztools notwendig. Das Event Management muss zunächst festlegen, welche Informationen für welche Zielgruppe relevant sind, wie die Verteilung der Informationen erfolgt und wer für welche Überwachung verantwortlich ist. Dabei sind Push-Systeme (*z. B. eine E-Mail an den zuständigen Systemoperator*) gegenüber Pull-Systemen (*z. B. ein Monitor, der mit Ampeln den Zustand der aktiven Netzwerkkomponenten aufzeigt*) zu bevorzugen.

Ein besonderes Augenmerk ist auf die Aussagefähigkeit der Systemmeldungen zu legen. Kryptische Fehlercodes erschweren die Interpretation der Informationen und erhöhen die Wahrscheinlichkeit von Fehlreaktionen.

Beurteilung und Einleitung von Reaktionsmaßnahmen

Effiziente Filterregeln erforderlich

Nicht jede Systemmeldung bedarf einer spezifischen Reaktion. Eine Vielzahl von Systemstatusinformationen wird konstant erfasst und dokumentiert (*z. B. das Log-File einer Applikation*). In anderen Fällen werden je nach Belastungssituation mehrstufige Warnsignale erzeugt, beispielsweise wenn Systeme in Bezug auf bestimmte Funktionen an ihre Kapazitätsgrenzen stoßen. Sofern die Systeme nicht selbstständig auf bestimmte Ereignisse reagieren (*z. B. Einleiten eines automatischen Neustarts*) muss das Event Management die Systemmeldungen filtern. Definierte Schwellenwerte kennzeichnen Ausnahmesituationen, die die Einleitung von konkret definierten Reaktionsmaßnahmen erforderlich machen. In anderen Fällen signalisiert die Häufung von Events in einem bestimmten Zeitraum einen kritischen Zustand, der zu einer Reaktion zwingt (*z. B. deutet die wiederholte Angabe von falschen Passwörtern auf eine Zugriffsverletzung hin*). Mögliche Reaktionen erstrecken sich auf die Eröffnung eines:

Incidents   ⇨ Incident Management
Problems   ⇨ Problem Management
Request for Change (RfC) ⇨ Change Management

Folgendes Beispiel verdeutlicht, dass durch ein Event auch alle drei Handlungsoptionen erforderlich sein können:

Das Netzwerk-Monitoring stellt fest, dass ein Router ausgefallen ist, der nach einem einfachen Reset wieder funktioniert. Es fällt auf, dass der Router schon häufiger ausgefallen ist. Nach einer technischen Überprüfung stellt sich heraus, dass ein Hardware-defekt vorliegt und der Router ausgetauscht werden muss.

Review und Abschluss

Bei der Vielzahl der täglich generierten Events ist es zu aufwendig, für jeden Event ein entsprechendes Ticket anzulegen. In den meisten Fällen werden Events in den operativen Systemen und Monitoring-Tools generiert und dokumentiert. Die systematische Verfolgung und Dokumentation mithilfe von Tickets konzentriert sich daher auf Events, die zu Incidents, Problems oder RfCs geführt haben. Zu diesem Zweck bieten gängige Ticketsysteme in der Regel entsprechende Kategorisierungsoptionen an, die die Unterscheidung von verschiedenen Tickettypen unterstützen. Für diese Events verbleibt die Kontrollfunktion beim Event Management, um sicherzustellen, dass die erforderlichen Maßnahmen auch erfolgreich umgesetzt werden. Erst dann können Events geschlossen werden.

Nicht alle Events werden in Tickets erfasst.

5.2.3   Steuerung des Prozesses

Der Schwerpunkt des Steuerungsprozesses des Event Managements ist auf die Verfügbarkeit der kontrollierten Objekte gerichtet. Folgende KPIs können zur Prozesssteuerung verwendet werden:

- Anzahl der Events nach Kategorie und Bedeutung
- Anzahl und Prozentsatz von Events, die auf Performanceprobleme hinweisen
- Anzahl und Prozentsatz von Events, die auf kritische Verfügbarkeit hinweisen
- Anzahl und Prozentsatz von Events, die zu Incidents oder Changes geführt haben
- Anzahl und Prozentsatz von Events pro Applikation

Die Effizienz des Event Managements wird maßgeblich durch die Tool-Unterstützung und davon abhängig durch die im Prozess gebundenen Mitarbeiterkapazitäten bestimmt. Ein hoher Automatisierungsgrad bei der Identifikation von Events und automatisierte Workflows erhöhen den Wirkungsgrad.

5.2.4   Erfolgsfaktoren der Umsetzung

- Frühzeitige Berücksichtigung der Anforderungen des Event Managements beim Service Design
- Umfang und Konkretisierungsgrad der formalen Reaktionsmuster und Eskalationsmechanismen, die für bestimmte Events definiert sind
- Begrenzung des entstehenden Datenvolumens durch Filterung und Konzentration auf wichtige Events. Die Festlegung entsprechender Schwellenwerte muss in enger Abstimmung mit dem technischen Management erfolgen. Diese Aktivität erfordert regelmäßige Überprüfungen und iterative Optimierungen, da sinnvolle Schwellenwerte nicht notwendigerweise konstant sind und von dynamischen Größen abhängen (*z. B. von der Anzahl der Systemnutzer*).

5.3   Incident Management

Zweck	▢ Gewährleistung eines möglichst störungsarmen IT-Betriebs
wichtige Aktivitäten	▢ Annehmen und Dokumentieren von Störungen ▢ Kategorisieren und Priorisieren von Störungen ▢ Beseitigen von Störungen ▢ Eskalieren an nachgelagerte Stufen (2nd Level Support) ▢ Monitoring der Störungsmeldungen ▢ Kommunizieren mit dem Nutzer
Methoden/ Tools	▢ Service Desk ▢ Ticketsystem mit Workflow-Funktionalität
Output	▢ Wiederherstellung
Bewertung	▢ Etablierter Kernprozess des ITIL-Frameworks. Typischerweise der erste ITIL-Prozess, mit dem kleine IT-Organisationen die Implementierung von ITIL beginnen.
Beispiel	▢ Ein Nutzer meldet einen Systemabsturz bei dem Versuch, eine Datei zu speichern. Durch das Gespräch mit einem Servicetechniker stellt sich heraus, dass die Festplatte des PC defekt ist. Ein Austausch wird veranlasst. Nach der Reparatur und einem Funktionstest wird das Ticket geschlossen.

Steckbrief Incident Management

5.3.1   Ziele des Prozesses

Eine wesentliche operative Zielsetzung des IT-Service-Managements ist die Gewährleistung eines möglichst fehlerfreien IT-Betriebs. Sowohl die schnellstmögliche Beseitigung als auch die Minimierung der negativen Auswirkungen von Störungen, unabhängig von ihrer Ursache, zählen daher zu den Mindestanforderungen, denen sich IT-Service-Provider stellen müssen. Eine Störung (incident) ist eine aufgetretene oder sich abzeichnende ungeplante Unterbrechung oder Beeinträchtigung eines IT-Service. Die Zielsetzung des Incident Managements ist nicht, die Störungsursache zu finden und nachhaltig zu beseitigen (diese Aufgabe nimmt das Problem Management wahr), sondern die schnellstmögliche Beseitigung der Störung.

Vorrangiges Ziel ist die schnellstmögliche Entstörung.

5.3.2   Prozessaktivitäten

Abb. 5–7

Der Prozessablauf des
Incident Managements

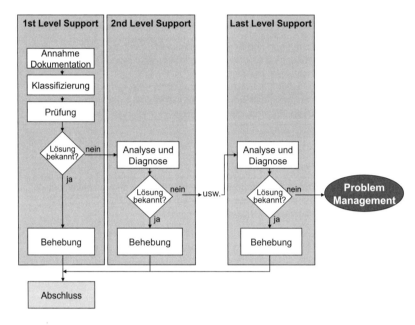

Annahme und Dokumentation von Störungen

*Definierte Eingangskanäle
sichern Erreichbarkeit.*

Eine zügige Störungsbeseitigung beginnt mit der koordinierten Störungsannahme. Dafür ist die Festlegung eindeutiger und möglichst einheitlicher Eingangskanäle erforderlich. Um eine maximale Erreichbarkeit zu gewährleisten, sind zentrale Rufnummern, Faxnummern und E-Mail-Postfächer zur Störungsannahme einzurichten und an alle IT-Nutzer zu kommunizieren. ITIL empfiehlt, dafür einen Service Desk zu etablieren (siehe Abschnitt 5.1.3).

*Service Desk als Single
Point of Contact (SPOC)*

Ein strukturbildendes Element des Incident Managements ist die funktionale Spezialisierung im Prozess der Störungsbearbeitung. Der Service Desk ist dabei – unabhängig von der vermuteten Störungsursache – das alleinige »Eingangstor« und die zentrale Anlaufstelle für Störungsmeldungen. Dadurch wird auf der einen Seite verhindert, dass Nutzer unkoordiniert in der IT-Organisation nach Hilfe suchen. Auf der anderen Seite können sich Servicetechniker koordiniert (nach Prioritäten) und planbar mit der Störungsbeseitigung beschäftigen, ohne mit anderen Störungsmeldungen und Eskalationen bombardiert zu werden. Durch eine einheitliche Klassifizierung (Kategorisierung und Priorisierung) sind Störungen später zielgerichteter auf mögliche Bearbeiter verteilbar. Auf diese Weise wird der Prozess der Störungsbeseitigung transparent und steuerbar.

Zur termingerechten Abarbeitung von Störungen und für spätere Auswertungen ist die Dokumentation aller Störungsfälle erforderlich. Je nach Trouble-Ticket-System, das in der Regel zur Dokumentation eingesetzt wird, lässt sich pro Störungsticket eine unterschiedliche Anzahl von Informationen erfassen:

eindeutige Störungsnummer	betroffene CIs
Zeitpunkt der Erfassung	Störungsstatus (»erfasst«, »in Bearbeitung« usw.)
Kategorie	Beschreibung der Störung
Dringlichkeit	Störungsbearbeiter
Auswirkung	Aktivitäten der Störungsbeseitigung (mit Zeitstempel)
Priorität	Name des Nutzers
Name des Erfassers	Zeitpunkt der Störungsbeseitigung

Für jede Störung sollte ein individuelles Störungsticket eröffnet werden. So können die Tickets je nach Störungsursache flexibel an die verschiedenen nachgelagerten Stufen zur Störungsbeseitigung weitergeleitet und die Störungsursachen konsistent ausgewertet werden.

> Trouble-Ticket-Systeme zur Unterstützung des Incident Managements haben in der Regel alle Tool-Anbieter im Programm, die Systeme zur Unterstützung des IT-Service-Managements anbieten. Im Folgenden einige Open-Source-Programme, die unter GPL entwickelt werden und frei verfügbar sind:
>
> - OTRS (http://otrs.org)
> - OneorZero (http://www.oneorzero.com)
> - Mantis (http://www.mantisbugtracker.com/)
> - OS-Ticket (http://www.ostiket.com/)
>
> Weitere Open-Source-Tools finden sich unter:
> www.opensourcehelpdesklist.com/

Klassifizierung von Störungen

Zur Unterstützung einer koordinierten Störungsbeseitigung ist eine möglichst frühzeitige Kategorisierung der möglichen Störungsursache vorteilhaft. Dazu muss eine einheitliche Kategorisierungssystematik entwickelt (*z. B. Hardware-, Software-, Netzstörungen*) und verbindlich vorgegeben werden. Die Kategorisierungstiefe kann individuell an die Gegebenheiten der Serviceorganisation ausgerichtet werden, da die Kategorisierung zu diesem Zeitpunkt primär zur Identifikation des »richtigen« Bearbeiters dient (*z. B. bei der Störungskategorie »Hardware« wird das Ticket sofort an den Vor-Ort-Service weitergeleitet*). Stellt sich im Zuge der späteren Störungsbearbeitung oder -beseitigung eine andere Störungsursache heraus, muss die Störungskategorie ent-

Kategorisierung und Priorisierung

sprechend angepasst werden, um spätere Auswertungen (*beispielsweise des Problem Managements*) nicht zu verfälschen.

Neben der Kategorisierung ist auch eine Priorisierung der Störungstickets erforderlich, da nicht alle Störungen einheitliche Einschränkungen in Bezug auf die Geschäftsprozesse zur Folge haben. Eine First-in-First-out-Abarbeitung würde dazu führen, dass eine Störung, die einen Nutzer zu umständlichem Arbeiten zwingt (*z. B. die Einstellung des Standarddruckers wird in einer bestimmten Applikation immer wieder überschrieben*), eher bearbeitet wird als eine Störung, die den Stillstand der Produktion zur Folge hat (*z. B. Absturz des Produktionsstraßen-Leitrechners*). Bei der Festlegung der Prioritätssystematik sind sowohl die Dringlichkeit als auch die Auswirkung der Störungen zu berücksichtigen.

Dringlichkeit	Auswirkung		
	Hoch	Mittel	Niedrig
Hoch	1	2	3
Mittel	2	3	2
Niedrig	3	4	5

Prio	Beschreibung	Lösungsdauer
1	kritisch	< 1 Std.
2	hoch	< 8 Std.
3	moderat	< 24 Std.
4	niedrig	< 48 Std.
5	Planung	geplant

Der Nutzen einer derartigen Systematik wird durch die Einheitlichkeit der Anwendung bestimmt. Damit alle Mitarbeiter des Service Desk die Systematik in der gleichen Weise anwenden, sind ausreichende Schulungsmaßnahmen erforderlich.

Untersuchung, Diagnose und sofortige Störungsbeseitigung

Wenn IT-Nutzer ihre Störung telefonisch aufgeben, haben die Mitarbeiter der Störungsannahme die Chance, die mögliche Störungsursache bereits bei der Dokumentation der Störungsbeschreibung einzugrenzen.

> *Reagiert eine Applikation nicht und leuchtet das Lämpchen neben dem Netzwerkstecker nicht, so deutet dies auf Netzzugangsprobleme hin.*

In einigen Fällen lassen sich Störungen mithilfe gezielter Fragen und Anweisungen der Service-Desk-Mitarbeiter durch den IT-Nutzer selbst beheben (*z. B. Überprüfen des Druckerkabels bei einer entsprechenden Fehlermeldung*). Der Anteil derjenigen Incidents, die beim Erstkontakt

direkt gelöst werden, bezogen auf die Gesamtanzahl wird als Erstlösungsquote bezeichnet.

Eskalation an spezialisierte Bearbeitungsstufen (2nd Level Support)

Falls es den Mitarbeitern des Service Desk nicht gelingt, die Störung im
Erstkontakt zu beseitigen, ist eine Weiterleitung des Trouble-Tickets
an eine spezialisierte Bearbeitungsstufe erforderlich, die in der ITIL-
Terminologie als 2nd Level Support bezeichnet wird. Je nach interner
Organisation des IT-Service-Managements können weitere Supportstufen eingerichtet werden. Die letzte Stufe (Last Level Support) ist
jeweils der verantwortliche Hersteller (Produzent der Hardware, Pro-
grammierer der Software) der IT-Komponente. Falls es nicht gelingt,
die Störung innerhalb einer definierten Zeit zu beseitigen, gibt die vor-
gelagerte Spezialisierungsstufe das Störungsticket jeweils an eine
höhere Spezialisierungsstufe weiter (**funktionale Eskalation**).

Hierarchie von Supportstufen

  Ein wichtiges Hilfsmittel zur effizienten Störungsbeseitigung ist
das CMS (siehe Abschnitt 4.3). Es enthält sowohl bewährte Umgehungslösungen für bestimmte Störungsfälle (»Known Error DB«,
Lösungsdatenbank) als auch die CMDB, in der alle notwendigen
Informationen zu den von der Störung betroffenen CIs gespeichert
sind (*z. B. welche Applikationsversionen sich auf einem Rechner befinden, der sich nach dem Hochfahren »aufhängt«*).

Monitoring der Störungstickets

Aufgrund seines Kontakts zum IT-Nutzer bleibt der Service Desk
unabhängig von der jeweiligen Bearbeitungsstufe immer für das Ser-
viceticket verantwortlich (Ticketowner). Ihm obliegt es auch, eine
hierarchische Eskalation innerhalb des Managements des Service Providers einzuleiten, wenn sich abzeichnet, dass die Störung nicht innerhalb der vereinbarten Zeit gelöst werden kann. Störungstickets sind
konstant zu beobachten in Bezug auf ihren jeweiligen Status und die
verbleibende maximale Ziel-Bearbeitungszeit, die sich aus den Service
Level Agreements ableiten.

  Im Störungsticket zeichnet jede Bearbeitungsstufe auf, welche
Aktivitäten durchgeführt wurden und zu welchen Erkenntnissen der
jeweilige Bearbeiter gekommen ist. Das Incident Management muss
sicherstellen, dass diese Aufzeichnungen sowohl vollständig als auch
aussagefähig sind. Nur dadurch ist gewährleistet, dass die aktuelle
Bearbeitungsstufe an die Analyseergebnisse ihrer Vorgänger anknüp-
fen kann. Die Aufzeichnungen werden darüber hinaus vom Problem
Management benötigt.

Dokumentation aller Aktivitäten erforderlich

Kommunikation mit dem Nutzer

Im Verlauf der Störungsbeseitigung ist es von Vorteil, die von der Störung betroffenen Nutzer laufend über den jeweiligen Status der Störungsbeseitigung zu informieren. Derartige Feedbacks haben in der Regel eine sehr positive Auswirkung auf die Nutzerzufriedenheit.

Schließen des Störungstickets

Bestätigung vom Nutzer einholen

Das Schließen des Störungstickets bildet den Abschluss des Störungslebenszyklus. Bevor ein Ticket allerdings geschlossen werden kann, ist vom IT-Nutzer eine Bestätigung einzuholen, ob die Störung zu seiner Zufriedenheit behoben wurde. Darüber hinaus ist zu prüfen, ob sich die ursprüngliche Störungskategorisierung als richtig erwiesen hat oder ob aufgrund der gewonnenen Erkenntnisse Anpassungen vorzunehmen sind.

Trotz sorgfältiger Bearbeitung wird es immer wieder vorkommen, dass Störungen, die bereits als behoben galten, erneut auftreten. In diesen Fällen sind Verfahrensregeln notwendig, um zu entscheiden, ob das ursprüngliche Ticket wieder geöffnet wird oder ein neues anzulegen ist.

5.3.3 Steuerung des Prozesses

Da jede Störung, selbst wenn sie schnell behoben wird, eine Beeinträchtigung des Geschäftsbetriebs darstellt, sollte die Steuerung des Prozesses sowohl am Störungsaufkommen als auch an der Effizienz der Störungsbehandlung ansetzen. Dazu steht eine Reihe von Kennzahlen zur Verfügung:

- Anzahl Störungen, gesamt und aufgeteilt auf die verschiedenen Bearbeitungsphasen
- Anzahl der Störungen in Bearbeitung
- Anzahl und Prozentsatz der kritischen Störungen
- Anzahl und Prozentsatz der Störungen, die innerhalb der vereinbarten Service Level gelöst wurden
- Anzahl und Prozentsatz der Störungen, die zu Beginn falsch kategorisiert wurden
- Erstlösungsquote (Anzahl und Prozentsatz derjenigen Störungen, die direkt vom Service Desk behoben werden konnten)

Um möglichst viele Störungen innerhalb der vereinbarten Bearbeitungszeit lösen zu können, ist für jede Bearbeitungsstufe (Service Desk, 2nd Level Support, ..., Last Level Support) ein Zeitlimit zu definieren, nach dessen Ablauf ein Störungsticket spätestens an die nächste Bearbeitungsstufe weitergeleitet werden muss. Die Kontrolle der Zeitlimits kann durch eine Auswertung entsprechender Zeitstempel im Ticket erfolgen.

Zeitlimit pro Bearbeitungsstufe

5.3.4 Erfolgsfaktoren der Umsetzung

Die Einführung des Incident Managements wird von Nutzern, die über gute Kontakte zur IT-Organisationen verfügen, als aufwendiger Formalismus empfunden. Ein Effizienzvorteil für den Service Provider entsteht nur, wenn alle Mitarbeiter operativ zu 100 % nach den beschriebenen Regelprozessen vorgehen. Störungen, die am Incident Management vorbei bearbeitet werden, konterkarieren die mit der Einführung dieses Prozesses angestrebten Effekte. Das Management des Service Providers muss daher insbesondere in der Einführungsphase auf die konsequente Einhaltung der Prozesskonformität dringen. Dabei spielt die Gewährleistung einer ausreichenden Erreichbarkeit eine besondere Rolle. Weitere Faktoren für die erfolgreiche Implementierung des Incident Managements sind:

Einhaltung der Regelprozesse ist unbedingt sicherzustellen.

- Qualität des Service Desk, Serviceorientierung
- anforderungsgerechte Fachkenntnis der jeweiligen Bearbeitungsstufen
- Troubleticket-System, das die Prozessimplementierung (Workflows, Monitoring) unterstützt
- Prozesssteuerung durch ein zielorientiertes Monitoring- und Controlling-Konzept
- Anzahl der Tickets, die erneut eröffnet wurden

5.4   Request Fulfilment

Zweck	▪ Annahme und Umsetzung von Serviceaufträgen (Service Request) von IT-Nutzern
wichtige Aktivitäten	▪ Registrieren von Serviceaufträgen ▪ Qualifizieren, Verifizieren und Bewilligen ▪ auftragsgesteuertes Bereitstellen des IT-Service ▪ Abschließen des Auftrags ▪ Verrechnen des Auftrags
Methoden/ Tools	▪ Webshop, Order-Management-System mit Workflow-Komponente
Output	▪ neue oder veränderte CIs
Bewertung	▪ Operativ sinnvolle Ergänzung, Beschreibung jedoch noch zu undifferenziert. Interdependenzen mit Change Management, Configuration Management und Release Management. Neuer Prozess, der aus dem Incident Management herausgelöst wurde.
Beispiel	▪ Ein Nutzer bestellt einen neuen PC.

Mit der Einführung des Prozesses Request Fulfilment (Auftragsmanagement) wurde mit ITIL-Version 3 eine lang existierende Lücke geschlossen. Serviceaufträge stellen Leistungsabrufe von IT-Services dar, die im Servicekatalog spezifiziert und über die Service Level Agreements mit dem Kunden vereinbart sind. Zuvor wurden diese Nutzeranfragen häufig über das Incident Management abgewickelt. Incidents unterscheiden sich insofern von Serviceabrufen, als dass der Abwicklungsprozess bei Serviceabrufen vorher bekannt und damit strukturierbar und planbar ist.

5.4.1   Ziele des Prozesses

Request Fulfilment gewährleistet die Versorgung von Nutzern mit IT-Leistungen. Dies erstreckt sich auf die Beratung und Information sowie die Bestellung und Bereitstellung von standardisierten IT-Services.

Die Einschränkung auf standardisierte IT-Services ist von Bedeutung, da ein vordefinierter Auftragsabwicklungsprozess nur sinnvoll anwendbar ist, wenn sich die Interaktionsnotwendigkeiten zwischen Auftraggeber und Leistungserbringer aufgrund eindeutig definierter Leistungsmerkmale auf ein Minimum beschränken.

Ein Serviceabruf für die Programmierung und den Betrieb eines neuen Zeiterfassungssystems kann in der Regel nicht durch einen vorstrukturierten Prozess abgearbeitet werden, da im Beauftragungsprozess eine Vielzahl von Aspekten (insbesondere die Spezifi-

kation) abzustimmen ist. Die spätere dezentrale Bereitstellung und Installation von Zeiterfassungsterminals kann durch einen Serviceabruf abgewickelt werden, da nur eine begrenzte Anzahl von vordefinierten Angaben (z.B. Installationsort und Lieferzeit) erforderlich ist, um den Auftrag auszuführen.

Weitere Beispiele für IT-Services, deren Beauftragung mit Serviceaufträgen abgewickelt werden kann, sind die Erweiterung von Postfächern, der physische Umzug von Arbeitsplätzen, die Bereitstellung und Installation von neuen Arbeitsplatzsystemen oder die Einrichtung von Remote-Zugängen zum Netzwerk. Formal stellt die Bereitstellung von derartigen Standard-IT-Leistungen einen (in der Regel pre-authorized) Change dar, da CIs verändert werden (siehe Abschnitt 4.2).

Beispiele für beauftragbare IT-Services

Anfragen für individualisierte IT-Services, die sich wegen komplexer Klärungsprozesse nicht über das Request Fulfilment abwickeln lassen, werden in Form von Service Level Requirements über das Service Level Management »geschleust«.

5.4.2   Prozessaktivitäten

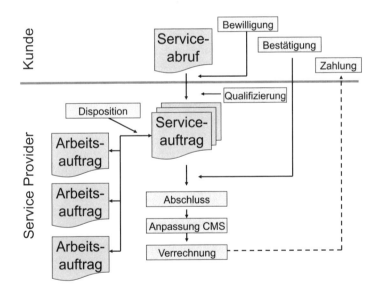

Abb. 5–9
Der Request-Fulfilment-Prozess in einer schematischen Übersicht

Registrierung von Serviceaufträgen

Bei der Erfassung von Serviceaufträgen ist im Annahmeprozess sicherzustellen, dass diese auch ausführbar sind (*z.B. die nachträglich bestellte Dockingstation muss zu der Baureihe des Laptops passen*). In diesem Zusammenhang korrelieren der Informations- und Beratungsbedarf der Nutzer mit der Vielfältigkeit der Auswahlmöglichkeiten des Servicekatalogs und der Komplexität der IT-Infrastruktur.

Bestellportal im
Intranet/Internet

Analog zum Incident Management sind den Nutzern dafür spezielle Eingangskanäle zur Verfügung zu stellen. Mit steigender Größe und Komplexität der IT-Service-Organisation und Umfang des Servicekatalogs ist ein getrennter Service Desk angebracht, da die Mitarbeiter für die Beratung im Bestellprozess über ganz unterschiedliche Qualifikationen verfügen müssen. Durch die Bereitstellung eines webbasierten Bestellportals lässt sich der Personalbedarf des Auftragsmanagements erheblich reduzieren. Neben der Bereitstellung von erläuternden Zusatzinformationen erlaubt die Verknüpfung mit dem Configuration Management (siehe Abschnitt 4.3), Konsistenzchecks bereits im Bestellprozess durchzuführen, welche die Übermittlung von nicht ausführbaren Serviceaufträgen verhindern.

Qualifizierung, Verifikation und Bewilligungen

Prüfung der
Lieferfähigkeit

Nach Abschluss des Bestellvorgangs ist der Bereitstellungsprozess einzuleiten. Serviceaufträge, die die Bereitstellung von Hardware beinhalten, haben Schnittstellen zu Beschaffungs- und Logistikprozessen. In diesem Fall ist häufig eine weitere Qualifizierung des Serviceauftrags in Bezug auf Lieferfähigkeit, -termin und -ort erforderlich. Veränderungen, die sich in Bezug auf den Kenntnisstand zum Zeitpunkt der Bestellung ergeben, sind mit dem Nutzer entsprechend abzustimmen.

Eine weitere Besonderheit des Request Fulfilments ist die Bewilligung. Werden IT-Kosten verursachungsgerecht auf Kostenstellen erfasst, so ist eine Zustimmung der Kostenstellenverantwortlichen bereits im Bestellprozess erforderlich, sofern der Serviceabruf durch einen Dritten (*z. B. einen Mitarbeiter*) erfolgt. Idealerweise verfügt das Auftragsmanagementsystem über entsprechende Workflow-Funktionalitäten, um den Genehmigungsprozess zu automatisieren.

Auftragsgesteuerte Bereitstellung des IT-Service

Systematische Disposition
von Arbeitsaufträgen

Da IT-Services im Regelfall aus einem Bündel von IT-Leistungen bestehen, die von sehr unterschiedlichen Leistungserbringern innerhalb der IT-Organisation erbracht werden müssen, sind zur Umsetzung des Bereitstellungsprozesses spezialisierte Prozesse anzusteuern.

Für die Bereitstellung eines neuen Arbeitsplatzes sind die erforderliche Hardware zu beschaffen, die Software zu installieren, Lizenzen abzurufen, ein Netzzugang freizuschalten usw.

Mit zunehmendem Auftragsvolumen erfordert die termingerechte Abarbeitung der Serviceabrufe eine systematische Disposition der resultierenden Arbeitsaufträge durch das technische Management. In diesem Zusammenhang sind Auftragsmanagementsysteme vorteilhaft, die die Generierung, Verteilung, Verfolgung und Zusammenfassung von Arbeitsaufträgen (und Subaufträgen) für unterschiedliche Leistungserbringer erlauben.

Auftragsabschluss und Auftragsverrechnung

Ein Serviceauftrag sollte erst abgeschlossen werden, wenn der Nutzer die Bereitstellung des IT-Service bestätigt. Daran anschließend kann die Verrechnung – je nach Preismodell periodisch oder als Einmalzahlung – eingeleitet werden. Auch bei verbrauchsunabhängigen Pauschalen ist die Dokumentation des Serviceabrufs im Configuration Management System (zum CMS siehe Abschnitt 4.3) erforderlich, da die IT-Infrastruktur verändert wurde.

5.4.3   Steuerung des Prozesses

In Bezug auf Serviceaufträge wird die Kundenzufriedenheit von IT-Nutzern entscheidend durch die Lieferung der tatsächlich bestellten Komponenten und die Einhaltung der vereinbarten Bereitstellungszeiten bestimmt. Bereitstellungsprozesse sind daher termingesteuert.

Zur Steuerung der Termineinhaltung benötigt das Auftragsmanagement immer eine Sicht auf den Gesamtauftrag sowie eine Sicht auf die Status der Subaufträge, die an die unterschiedlichen Leistungserbringer weitergeleitet wurden. *Sicht auf den Gesamtauftrag erforderlich*

Die Effizienz des Request Fulfilments lässt sich mithilfe der folgenden Kennzahlen überwachen:

- Anzahl Serviceaufträge pro Bearbeitungsstufe (»erfasst«, »in Bearbeitung«, »geschlossen«)
- Volumen unerledigter Serviceaufträge
- Anzahl und Prozentsatz der Serviceaufträge, die innerhalb der vereinbarten Bereitstellungszeit erfüllt wurden
- durchschnittliche Kosten pro Bereitstellung
- Grad der Kundenzufriedenheit (durch periodische Befragungen zu ermitteln)

5.4.4   Erfolgsfaktoren der Umsetzung

Termingerechte
Erledigung

Das Request Fulfilment erfordert eine enge Verzahnung mit den operativen IT-Prozessen. Aufgrund der typischerweise in diesem Bereich definierten Service Level ist die termingerechte Abarbeitung von Serviceabrufen von besonderer Bedeutung. Mithilfe von internen Arbeitsaufträgen ist eine strukturierte Disposition und Abarbeitung der Serviceaufträge möglich. Weitere Erfolgsfaktoren sind:

- Übersichtlichkeit und Verständlichkeit des Servicekatalogs
- Definition von Standardprozessen für die unterschiedlichen Typen von Serviceaufträgen
- ein definierter Eingangskanal (single point of contact) für die Beauftragung
- Tool-Unterstützung

5.5   Problem Management

Zweck	▪ Ermittlung der unbekannten Ursachen für ein oder mehrere Incidents, proaktive Identifikation und systematische Behebung von Systemfehlern, die zu Incidents führen
wichtige Aktivitäten	▪ Analysieren von abgeschlossenen Incidents und Ermitteln der Ursachen ▪ Dokumentieren, Kategorisieren und Priorisieren von Fehlerursachen ▪ Diagnostizieren von Fehlerursachen ▪ Erarbeiten von Umgehungslösungen und Dokumentieren von bekannten Fehlern ▪ Beseitigen von Fehlern
Methoden/ Tools	▪ Lösungsdatenbank (Known Error DB)
Output	▪ Umgehungslösungen, Lösungskonzepte
Bewertung	▪ Ergänzung des Incident Managements um eine proaktive Komponente, die sicherstellt, dass Störungen nicht nur schnell behoben werden, sondern durch die Behebung ihrer Ursachen zukünftig gar nicht erst entstehen
Beispiel	▪ Durch die Analyse von dokumentierten Incidents stellt sich heraus, dass eine bestimmte Applikation auf Rechnern mit geringer Speicherausstattung häufig Abstürze erzeugt. Durch eine Vergrößerung der Auslagerungsdatei lässt sich die Häufigkeit der Abstürze signifikant reduzieren (Umgehungslösung). Nach Rücksprache mit den Entwicklern wird erkannt, dass ein Programmierfehler vorliegt, der beseitigt werden muss. Es wird ein RfC erstellt.

Steckbrief
Problem Management

5.5.1   Ziele des Prozesses

Der Begriff »Problem« wird im Deutschen umgangssprachlich häufig als schwerwiegende Störung, demnach als Incident, verwendet. ITIL definiert ein Problem jedoch als die unbekannte Ursache für eine oder mehrere Störungen. Insofern lautet die adäquate Übersetzung »Störungsursache« anstatt des gleichlautenden deutschen Begriffs »Problem«.

Das Ziel des Problem Managements ist es, die Ursachen von Störungen zu finden und alle Aktivitäten zu deren Beseitigung zu initiieren. Der Prozess ist darauf ausgerichtet, das Störungsvolumen zu reduzieren, indem die Ursachen für die Störungen systematisch beseitigt werden. Dies führt zu einer höheren Verfügbarkeit von IT-Services.

Ziel ist, das Störungsvolumen zu reduzieren.

5.5.2   Prozessaktivitäten

Abb. 5–10

Schnittstellen des
Problem Managements

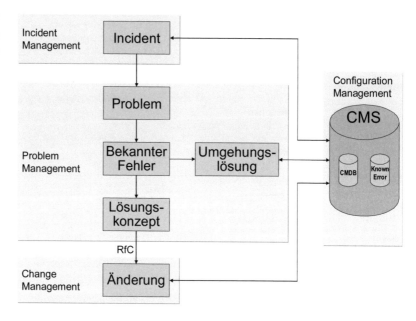

Identifikation

Initiative aus
verschiedenen Richtungen

Die Ursachenanalyse von Fehlern beginnt mit dem Öffnen eines Problemtickets. Die Initiative für diese Aktivität kommt üblicherweise aus verschiedenen Richtungen. So können Mitarbeiter des Service Desk oder Servicetechniker ein Problemticket aufgeben, falls sie die Störung beseitigen konnten, die eigentliche Ursache für die Störung jedoch unklar geblieben ist. In anderen Fällen lässt sich eine einheitliche Ursache hinter einer bestimmten Art von Störung vermuten. Ein weiterer Anlass können Hinweise eines Herstellers einer IT-Komponente sein (*z.B., dass ein Programm unter bestimmten Betriebssystemen in einer speziellen Konstellation nicht funktioniert*). Problemtickets resultieren schließlich auch aus der systematischen Analyse aller Incidents, die das Problem Management selbst betreibt.

Dokumentation, Kategorisierung und Priorisierung

Die Dokumentation, Kategorisierung und Priorisierung von Problemtickets gestaltet sich analog zum Incident Management. Dabei sollte die gleiche Systematik verwendet werden. Die Dokumentation der Problemtickets muss einen Verweis auf die zugrunde liegenden Incidents beinhalten.

Untersuchung und Diagnose

Zur Identifikation der Fehlerursache, also um zu verstehen, warum ein Fehler in einer bestimmten Situation auftritt, stehen dem Problem Management eine Reihe von Verfahren zur Verfügung. Diese reichen von der Analyse der Störungsbeschreibungen, der Auswertung der CMDB und des Internets bis hin zur Rekonstruktion des Fehlers in einer Testumgebung.

Eintrag in die Lösungsdatenbank (Known Error DB) und Ermittlung einer Umgehungslösung (Workaround)

Nach erfolgreicher Identifikation der Fehlerursache wird aus dem »Problem« ein »Known Error«. Die Erfassung der bekannten Fehler in einer Lösungsdatenbank schafft die Basis für eine effiziente Handhabung von Störungen durch das Incident Management. In vielen Fällen ist es möglich, den Mitarbeitern des Incident Managements eine Umgehungslösung an die Hand zu geben (*z. B. Ausweichen auf einen Netzwerkdrucker, wenn der lokale Drucker defekt ist*), die in die Lösungsdatenbank aufgenommen wird. Eine Umgehungslösung ersetzt nicht die finale Beseitigung der Fehlerursache, sie trägt lediglich dazu bei, dass der gestörte IT-Service schneller wiederhergestellt werden kann. Bei entsprechendem Ausbau des Intranets bietet es sich an, die Lösungsdatenbank den Nutzern zur Verfügung zu stellen. Dazu ist in der Regel eine mediengerechte Aufarbeitung der Inhalte erforderlich, um den Ansprüchen der Zielgruppe gerecht zu werden. Bei entsprechender Qualität des Angebots lassen sich jedoch eine spürbare Selbstlösungsquote und damit eine Reduktion des Incident-Volumens erreichen.

Erarbeitung von Umgehungslösungen

Beseitigung der Fehlerursache

Der Aufgabenbereich des Problem Managements erstreckt sich auch auf die Ausarbeitung eines Lösungskonzepts zur Beseitigung der Fehlerursache, nicht allerdings auf die Fehlerbeseitigung selbst. Die Umsetzung des Lösungskonzepts wird durch den Change-Management-Prozess überwacht. Das Problemticket wird erst geschlossen, wenn das Problem Management nach abgeschlossenem Change geprüft hat, ob die Fehlerursache durch das umgesetzte Lösungskonzept tatsächlich beseitigt wurde (Post Implementation Review).

Ausarbeitung eines Lösungskonzepts

Das Lösungskonzept für die Fehlerbeseitigung ist vor den wirtschaftlichen Gegebenheiten zu betrachten. Führen Fehler beispielsweise nur zu einer moderaten Beeinträchtigung und existiert eine befriedigende Umgehungslösung, so ist im Einzelfall sorgsam abzuwägen, ob ein aufwendiger Change zur Fehlerbeseitigung akzeptabel ist.

5.5.3   Steuerung des Prozesses

Erfolge des
Problem Managements
sind schwer zu
quantifizieren.

Da sich das Ziel des Problem Managements sehr generisch definiert, entzieht sich der Prozess einer einfachen Steuerung durch direkt messbare Kennzahlen. Das Problem Management dient der proaktiven Vermeidung von Störungen. Ein Service Provider muss im Einzelfall entscheiden, welcher Ressourceneinsatz bei welchen Ergebnissen akzeptabel ist. Aufgrund der Proaktivität ist letztlich nicht eindeutig zu ermitteln, wie viele Störungen durch die Erfolge des Problem Managements vermieden werden. Die absolute Entwicklung des Störungsvolumens oder die Höhe der Verfügbarkeit sind in diesem Zusammenhang sicherlich wesentliche Indikatoren, sie werden jedoch nicht ausschließlich durch die Effizienz des Problem Managements bestimmt.

Die absolute Anzahl der ermittelten Fehlerursachen und Umgehungslösungen (abhängig von der Kategorie) sowie die Anzahl der Zugriffe auf die Lösungsdatenbank lassen Rückschlüsse auf die Qualität des Prozesses zu. Die Anzahl der planmäßig umgesetzten Changes ist ein Indikator für die Qualität der vom Problem Management erarbeiteten Lösungskonzepte. Als Kennzahl bietet sich auch die Berechnung der Durchschnittskosten pro Fehlerbehandlung an, die im Zeitablauf zu verfolgen ist oder mit Benchmarks verglichen werden kann. Allerdings ist die Kostenzurechnung häufig schwierig, da sich die Problem-Management-Aktivitäten nicht auf einzelne Abteilungen konzentrieren, sondern die Rolle vielmehr flexibel und wechselseitig von verschiedenen Mitarbeitern der IT-Organisation wahrgenommen wird.

5.5.4   Erfolgsfaktoren der Umsetzung

Generalistischer Überblick
ist von Vorteil.

Problem Management setzt ein effizientes Incident Management voraus. Darüber hinaus sind die Fähigkeiten der im Problem Management eingesetzten Mitarbeiter von entscheidender Bedeutung. Sowohl für die Ursachenanalyse als auch für die Erarbeitung der Lösungskonzepte ist ein sehr generalistisches Wissen über die Zusammenhänge der IT-Infrastruktur erforderlich. Dies erschöpft sich allerdings nicht auf technische Aspekte, sondern muss auch die Auswirkungen der Störungen auf die Geschäftsprozesse beinhalten. Die Mitarbeiter des Problem Managements müssen daher über ein Höchstmaß an Qualifikationen verfügen.

5.6   Access Management

Zweck	▪ Sicherung des autorisierten Zugriffs auf IT-Services und Daten
wichtige Aktivitäten	▪ Vergeben von Zugriffsrechten und Identitäten ▪ Verifizieren ▪ Pflegen von Rechtekatalogen ▪ Aufgeben von Störungstickets, Problemtickets oder RfCs ▪ Identifizieren von Zugriffsverletzungen
Methoden/ Tools	▪ Datenbank mit Identitäten und Rechten ▪ elektronische und biometrische Verfahren der Authentifizierung
Output	▪ Schutz vor unautorisierten Zugriffen
Bewertung	▪ Enge Verzahnung mit dem ISM. Wurde gegenüber der Version 2 aus dem Incident Management herausgelöst und als eigener Prozess konzipiert.
Beispiel	▪ Die Nutzung des SAP-Systems erfordert eine entsprechende Legitimation des Benutzers. Gleichzeitig ist hinterlegt, welche Funktionen des Systems genutzt werden dürfen.

Steckbrief Access Management

Das Access Management regelt den autorisierten Zugriff auf IT-Services. Dies schließt den Schutz vor einem unberechtigtem Zugriff auf Services, Daten und Informationen ein. Die Notwendigkeit für einen koordinierten Schutz resultiert nicht zuletzt aus den gestiegenen Compliance-Anforderungen (z. B. *Sarbanes-Oxley Act, SOX*). Der Prozess des Access Managements findet sich in der Praxis auch unter Begriffen wie Rechtevergabe oder Identity Management. Dabei verteilen sich die Aufgaben in der Regel auf mehrere Stellen innerhalb der IT-Organisation. Folglich findet sich das Access Management selten als getrennte oder eigenständige Abteilung. Das Access Management unterscheidet folgende Begriffe:

Regelt den autorisierten Zugriff auf IT-Services

▪ **Access (Zugriff)**
Umfang des Zugriffsrechts auf Services oder Daten

▪ **Identity (Identität)**
Bestimmung des Nutzers

▪ **Rights (Rechte)**
Umfang der Nutzungsrechte
(z. B. *Schreibrechte, Leserechte, Veränderungsrechte*)

5.6.1   Ziele des Prozesses

Seit den Ursprüngen der Informationsverarbeitung gehört der Schutz vor unberechtigten Datenzugriffen zum integralen Bestandteil der Datenverarbeitung. Um die Vollständigkeit und Richtigkeit von Daten zu gewährleisten, sind Konzepte erforderlich, die den Zugang zu den

Vollständigkeit und Richtigkeit von Daten

Daten technisch einschränken und durch dedizierte Berechtigungskonzepte regeln. Das Access Management erstreckt sich auf die Umsetzung von Berechtigungskonzepten, die innerhalb des Service Designs (u.a. Security Management und Availability Management) entwickelt werden.

5.6.2   Prozessaktivitäten

Abb. 5–11
Der Access-Management-
Prozess

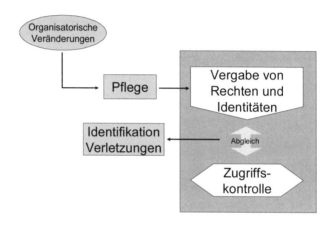

Vergabe von Zugriffsrechten und Identitäten

Rechte werden mit
Profilen verknüpft.

Die Vergabe von Rechten ist häufig mit definierten Rollen verknüpft. So wird kategorisch definiert, für welche Aufgaben oder Funktionen welche Zugriffsrechte erforderlich sind.

> *Alle Controller erhalten in SAP ein definiertes Set von Berechtigungen und Zugriff auf ein spezielles Laufwerk, auf dem Auswertungen gespeichert werden.*

Bei Neueinstellungen oder Versetzungen können definierte Rechteprofile durch einen Service Request von der Personalabteilung oder vom Vorgesetzten aus dem Servicekatalog beauftragt werden.

Verifikation

Authentifizierung und
Zugriff legitimieren

Bei jedem Zugriff auf einen IT-Service oder einen Datenbereich muss das Access Management zum einem die Prüfung der Identität des Nutzers (Authentifizierung) und zum anderen die Legitimation des Zugriffs sicherstellen. Für die Authentifizierung wird größtenteils auf die Vergabe von Nutzernamen und Passwörtern zurückgegriffen. Technisch aufwendiger sind elektronische (*z.B. Chipkarte*) oder biometrische (*z.B. Fingerabdruck*) Verfahren. Die Legitimation des Zugriffs auf Services und Daten erfolgt durch einen Abgleich mit dokumentierten Rechten. Dazu werden nach der Autorisierung durch entsprechende Instanzen (*z. B. Personalabteilung, Vorgesetzter*) für die einzelnen Identitäten (Nutzer) Rechte individuell vergeben und verzeichnet. Alternativ lassen sich einzelnen Identitäten Rechteprofile (standardisierte Kataloge von Zugriffsrechten) zuordnen. Bei jedem Zugriff werden dann die übermittelten Identitäten gegen die verzeichneten Rechte geprüft.

Pflege von Rechtekatalogen

Eine in der Praxis häufig vernachlässigte Aufgabe des Access Managements ist die regelmäßige Überprüfung der vergebenen Rechte im Hinblick auf ihre Aktualität. Statusänderungen von Nutzern (*z. B. durch Versetzungen, Transfer, Umzüge, Beförderungen, Disziplinarmaßnahmen, Kündigung etc.*) machen in der Regel auch eine Anpassung der Zugriffsrechte erforderlich. Das Access Management hat sicherzustellen, dass die Zugriffsrechte nicht nur initial legitimiert vergeben werden, sondern über die gesamte Verweildauer des Nutzers in der Organisation mit den entsprechenden Berechtigungskonzepten und Sicherheitsrichtlinien übereinstimmen. Dies schließt insbesondere auch den Entzug von Zugriffsrechten mit ein, wenn die entsprechenden Grundlagen, die zu der ursprünglichen Vergabe geführt haben, entfallen sind.

Die regelmäßige Überprüfung der Rechte wird häufig vernachlässigt.

Identifikation von Zugriffsverletzungen

Das Access Management schließt auch die Kontrolle der Effektivität des Zugriffsschutzes mit ein. Eine umfassende Protokollierung aller Zugriffsversuche ermöglicht die Identifikation unautorisierter Zugriffe durch nachträgliche Auswertungen. Automatisierte Verfahren verknüpfen häufig direkt die Authentifizierung mit der Protokollierung und ermöglichen so das Ableiten von Regeln für die Sperrung von Zugriffsrechten.

Automatisierte Verfahren ermöglichen eine sofortige Sperrung.

> *Nach n-maliger Eingabe eines falschen Passwortes ist der Zugriff für die Identität gesperrt.*

5.6.3   Steuerung des Prozesses

Wie bereits erwähnt, wird das Access Management organisatorisch selten als eine eigene Funktion institutionalisiert. Die Ermittlung der im Prozess gebundenen Mitarbeiterkapazitäten wird dadurch erheblich erschwert. Folgende Kennzahlen unterstützen die Steuerung des Access Managements:

- Anzahl der Service Requests an das Access Management
- Anzahl der Incidents, die eine Entsperrung von Rechten beinhalten
- Anzahl der Incidents, die auf Fehler bei der Rechtevergabe zurückzuführen sind

5.6.4   Erfolgsfaktoren der Umsetzung

Konsequenz ist entscheidend. Maßnahmen, die auf den Schutz vor unberechtigten Zugriffen gerichtet sind, lassen sich selten dosieren. In diesem Zusammenhang steht und fällt der Schutz mit der Konsequenz, mit der auf die Einhaltung und Anwendung der Maßnahmen gedrungen wird.

> *Beispielsweise erfordern Passwörter ein ausreichendes Maß an Vertraulichkeit. Ein Passwort, das der Urlaubsvertretung weitergegeben wird und bald »allen« bekannt ist, stellt keinen wirksamen Schutz dar. Gleiches gilt, wenn die Liste aller Passwörter offen auf einem Server liegt.*

Weiter sind von Bedeutung:

- restriktive Vergabe der Legitimation, Zugriffsrechte zu gewähren
- wirksame Authentifizierung der Identitäten bei der Zugriffskontrolle
- Datenbank mit Identitäten und zugeordneten Rechten
- Verständnis für die Notwendigkeit einer konsequenten Anpassung der Rechte bei Statusänderungen

6 Continual Service Improvement

Leider sind die erfolgreiche Beendigung eines ITIL-Einführungsprojekts und die Umsetzung aller Empfehlungen, die bisher beschrieben wurden, immer noch keine Gewährleistung für ein perfektes IT-Service-Management. Die Ausrichtung von Service-Management-Prozessen an den Geschäftsanforderungen ist kein Zustand, sondern ein dynamischer Prozess. IT-Service-Provider sind aufgefordert, laufend Anstrengungen zu unternehmen, die gelieferte Servicequalität zu verbessern. Dies erstreckt sich explizit nicht nur auf die Leistungserbringung (Service Operation), sondern auf den gesamten Lebenszyklus des IT-Service (siehe Abb. 6–1). Wie aus den bisherigen Erläuterungen deutlich geworden ist, liegen viele Bestimmungsfaktoren der Servicequalität und der Leistungseffizienz in den der Serviceerbringung vorgelagerten Stufen (»Quality must be built in«).

Service Provider müssen laufend die Servicequalität verbessern.

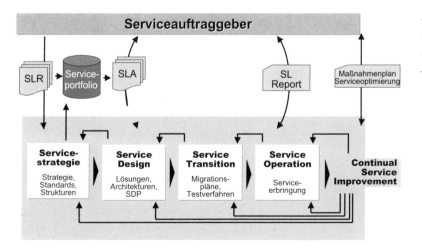

Abb. 6–1
Continual Service Improvement im Zusammenhang

Das übergreifende Ziel des ITIL-Moduls Continual Service Improvement (CSI) ist die systematische Identifizierung von Optimierungspotenzialen zur Verbesserung der Prozesseffektivität, der Prozesseffizenz und der Wirtschaftlichkeit des IT-Service-Managements. Dabei stehen folgende Aufgaben im Mittelpunkt:

- Sicherstellen der Einhaltung der Service Level
- Sicherstellen des erforderlichen Leistungsniveaus von Service-Management-Prozessen
- Ermitteln und periodisches Evaluieren des Reifegrads von Prozessaktivitäten und Rollenzuordnungen
- Durchführen von internen Audits zur Überprüfung der Einhaltung von Prozessvorgaben
- Ableiten und Verfolgen von Verbesserungsmaßnahmen
- Durchführen von periodischen Kundenzufriedenheitsanalysen

Erstmalige Integration des Qualitätsmanagements

Mit dem Modul Continual Service Improvement wurden in der ITIL-Version V3 wesentliche Erkenntnisse des Qualitätsmanagements in die Prozessstruktur integriert. Den Kern bildet ein siebenstufiger Verbesserungsprozess, der sich aus dem Deming Cycle ableitet.

Abb. 6–2
Der Deming Cycle

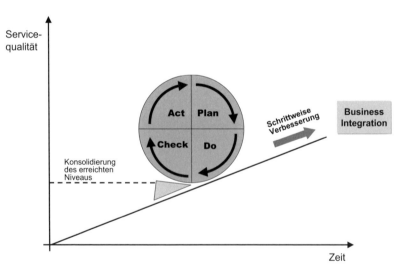

Das von W. Edwards Deming entwickelte Modell sieht vier Phasen (Planen (Soll), Durchführen (Ist), Überprüfen (Soll-Ist-Vergleich) und Korrigieren/Justieren) vor, die kontinuierlich durchlaufen werden. Mit jedem Durchlauf stellen sich Qualitätsverbesserungen sowie ein höherer Reifegrad der Prozesse ein. Mit zunehmendem Reifegrad verlagert sich der Schwerpunkt auf die Phasen der Überprüfung und Justierung.

Im Folgenden wird auf den siebenstufigen Verbesserungsprozess mit seinen einzelnen Phasen detailliert eingegangen (Abschnitt 6.1). Er markiert den Schwerpunkt, mit dem das CSI die Optimierungsziele adressiert. Durch die kontinuierliche und systematische Analyse von Faktoren, die einen Einfluss auf die Servicequalität haben, werden Schwachstellen identifiziert und durch deren Beseitigung Effizienzverbesserungen erzielt. Um zusätzliche Hinweise zu gewinnen, führt das CSI in regelmäßigen Abständen Prozessbewertungen durch. Sie bilden den Mittelpunkt des Abschnitts 6.2. Dabei werden ausgewählte Prozesse mit Referenzmodellen verglichen, die sich an bewährten Lösungen (Best Practices) orientieren. Den Abschluss bilden Hinweise zur Institutionalisierung des CSI in Abschnitt 6.3.

Erläuterung der Gliederung

6.1   Der 7-Stufen-Verbesserungsprozess

Abb. 6–3
Der 7-Stufen-
Verbesserungsprozess

Der Prozess-Output wird mit den Zielwerten verglichen.

Der 7-Stufen-CSI-Verbesserungsprozess setzt unmittelbar an der Servicestrategie und den Umsetzungskonzepten für IT-Services und Service-Management-Prozesse an. Voraussetzung ist eine klare Definition dessen, was von einem Prozess geleistet werden soll. Die Zielgrößen werden jedoch nicht durch CSI selbst, sondern durch die anderen ITIL-Module spezifiziert. Mit anderen Worten: ITIL kann nicht durch CSI eingeführt werden. CSI setzt die Einführung von ITIL-Prozessen voraus und kann nur ansetzen, falls für IT-Services und Service Management eindeutige und messbare Zielwerte definiert sind, die angeben, welcher Prozess-Output zu erzielen ist. Gegen diese geplanten Zielgrößen ist das Erreichte zu messen und sind Korrekturmaßnahmen zu ergreifen, sofern Soll- und Ist-Werte voneinander abweichen.

Schritt 1:
Bestimmungsgrößen der Servicequalität

Mit zunehmender Tool-Unterstützung des IT-Service-Managements herrscht selten ein Mangel an Daten. Es kommt vielmehr darauf an, die richtigen Daten zu erheben: Welche Faktoren beeinflussen die Kundenzufriedenheit? Welche Faktoren erhöhen die Effizienz der Serviceerbringung? Welche Faktoren erhöhen die Effizienz des Service Managements?

Ausgangspunkt dieser und ähnlicher Fragen ist der Abgleich zwischen den Kundenanforderungen und den verfügbaren Leistungen des Servicekatalogs. Bereits im Gestaltungsprozess von IT-Services ist zu bestimmen, von welchen Einflussfaktoren die Servicequalität abhängt. Dies sind zunächst natürlicherweise die Leistungsmerkmale des Service.

Welche Einflussgrößen wirken auf die Servicequalität?

Für einen Service Provider, der für seinen Service Desk eine Call-Annahme innerhalb von weniger als 10 Sekunden verspricht, ist die durchschnittliche Wartezeit, die Anrufer in der Warteschleife verbringen, der relevante Indikator für diesen Aspekt der Servicequalität.

Aus dieser Perspektive ist die Einhaltung des Service Levels gleichbedeutend mit der Bereitstellung von Servicequalität. Der Kunde erhält die Serviceleistung, die er bestellt und eingekauft hat.

Wie bereits ausgeführt, ist die Service-Level-Einhaltung ein hinreichender, jedoch nicht zwangsläufig auch ein ausreichender Bestimmungsfaktor für die Kunden- und/oder Nutzerzufriedenheit. Bei nicht zutreffenden Leistungserwartungen durch die Nutzer führt selbst die vertragsgemäße Leistungserbringung nicht zur Kundenzufriedenheit.

Übereinstimmung von Leistungserwartungen und Vertragsinhalten prüfen

Ein Serviceauftraggeber hat für die Laptops seiner Außendienstmitarbeiter mit dem Service Provider einen Bring-in-Service an definierten Standorten mit einer Wiederherstellzeit von vier Stunden vereinbart. Die meisten Außendienstmitarbeiter empfinden diese Wartezeit als zu lang und sind unzufrieden mit der Leistung des Service Providers.

In diesem Zusammenhang erweitert sich das Aufgabenspektrum des CSI-Verantwortlichen auf den Prozess der Erwartungssteuerung.

Schritt 2:
Messung der Servicequalität

Punkte wie die Maximierung der Zufriedenheit, die Optimierung der Qualität oder eine Serviceorientierung des Personals finden leicht allgemeine Zustimmung, nicht zuletzt, weil alles oder nichts darunter zu verstehen ist. Operationale Prozesse eines Service Providers lassen sich mit derartigen Zielgrößen nicht steuern. Ausgangspunkt von Optimierungsansätzen muss zunächst die Identifikation der jeweiligen Bestimmungsfaktoren der Servicequalität sein. Für jeden Einflussfaktor ist dann unter Berücksichtigung des SMART-Prinzips festzulegen, wie er abgebildet und gemessen werden soll. Zielgrößen sollen demnach Spezifisch, Messbar, Akzeptiert, Realistisch und Terminiert sein.

Zielgrößen SMART definieren

Nichts vereinbaren,
was nicht gemessen
werden kann.

In der Regel kann der CSI-Verantwortliche an den Leistungsmerkmalen und den Service-Level-Definitionen und deren Messverfahren ansetzen. Im Grundsatz gilt jedoch einschränkend: Was nicht gemessen werden kann, darf auch nicht vereinbart werden, da es nicht gesteuert (und damit nicht gewährleistet) werden kann.

> *Die Zusicherung einer ausreichenden Arbeitsgeschwindigkeit ist nicht direkt messbar und daher als Service Level ungeeignet. Alternativ kann die durchschnittliche Reaktionszeit für bestimmte Transaktionen (z. B. das Verbuchen einer Rechnung) zu festgelegten Zeiten gemessen werden.*

Für jede Leistung des Servicekatalogs ist neben den Leistungsmerkmalen auch festzulegen, mit welchem Verfahren und welcher Methode die Leistung gemessen werden soll. Dabei sollte denjenigen Lösungen Vorrang eingeräumt werden, die für den Kunden technisch nachvollziehbar sind. Dies erhöht die Glaubwürdigkeit und das Vertrauen in die Messwerte.

Schritt 3:
Datenerhebung

Festlegen von
Messpunkten

Die permanente Verbesserung der Servicequalität setzt eine kontinuierliche Kontrolle der Servicebereitstellungsprozesse voraus. Dazu sind entsprechende Messpunkte festzulegen, die das definierte Prozessergebnis oder Teilergebnisse abbilden.

> *Zur Ermittlung von Reaktions- oder Wiederherstellungszeiten muss beispielsweise die Zeitdauer gemessen werden. Dies kann durch entsprechende Zeitstempel im Ticket festgehalten werden: Zeitpunkt der Call-Annahme, Zeitpunkt der Übergabe an den 1st Level Support, ..., Zeitpunkt der Wiederherstellungsbestätigung durch den Nutzer.*

Die Messpunkte sollten möglichst so gewählt werden, dass später eine durchgängige Beurteilung der Servicequalität (End-to-End) möglich ist. In diesem Zusammenhang kann es auch sinnvoll sein, Mitwirkungspflichten des Kunden/der Nutzer abzubilden.

> *Ein Nutzer gibt per E-Mail ein Störungsticket auf und begibt sich direkt im Anschluss daran auf eine zweiwöchige Geschäftsreise. Der Service Desk dokumentiert drei gescheiterte Versuche der Kontaktaufnahme mit dem Nutzer mit einem Zeitstempel im Ticket und schließt dieses. Der Nutzer wird per E-Mail aufgefordert, seine Störung erneut zu melden.*

Die Festlegung der Messpunkte schließt die Mess-Intervalle, die
Methode und die Verantwortlichkeit für die Datenerhebung ein. Wo
immer möglich, sollte auf automatisierte Verfahren der Datenerhebung zurückgegriffen werden. In Bereichen, in denen Messdaten
manuell erhoben werden, sind besondere Vorkehrungen zu treffen, um
die nachhaltige Qualität der Messdaten sicherzustellen.

Automatische
Messverfahren
favorisieren

> *Ein Servicetechniker muss den Zeitstempel für die Wiederherstel-*
> *lung ins Ticket eintragen. Dafür benötigt er einen Zugang zum*
> *Ticketsystem. Da dieser mobil nicht zur Verfügung steht, werden*
> *die Tickets nach der Rückkehr des Technikers an seinen Arbeits-*
> *platz vervollständigt und geschlossen. Da die Zeitaufzeichnungen*
> *in den Tickets auch zur Auslastungskontrolle der Servicetechniker*
> *herangezogen werden, stellt der CSI-Verantwortliche fest, dass die*
> *Zeitpunkte der Wiederherstellung häufig später angegeben wer-*
> *den, um die Auslastungsauswertung zu verbessern.*

CSI geht es nicht darum, laufende Serviceprozesse während ihrer Ausführung zu optimieren. Ziel ist vielmehr die Identifikation von Optimierungspotenzialen und deren nachhaltige Erschließung durch klar
definierte Maßnahmen. Häufig liefert die Ursachenanalyse von Ausnahmefällen wichtige Anhaltspunkte für Prozessschwächen.

Schritt 4:
Aufbereitung der Daten

Die Vielzahl der im vorangegangenen Schritt erhobenen Daten muss
anschließend zu interpretierbaren Kennzahlen und Reports zusammengefasst werden. Zur Abbildung der Servicequalität lassen sich folgende Arten von Kennzahlen unterscheiden:

  technische Kennzahlen (Verfügbarkeiten, Kapazitäten, ...)
  finanzielle Kennzahlen (Aufwand pro Service, ...)
  prozessuale Kennzahlen (kritische Erfolgsfaktoren, KPIs, ...)
  serviceorientierte Kennzahlen (zur Abbildung von End-to-End-
  Perspektiven)

Um den Aufbereitungsprozess möglichst effizient zu gestalten, sollte
auch hier so weit wie möglich auf automatisierte Verfahren zurückgegriffen werden.

  CSI setzt mit seinen Analysen im Schwerpunkt an den Service
Level Reports an. Service-Level-Verletzungen sind ein Indiz für unzureichende Servicequalität und deuten auf Prozessschwächen hin. In
diesem Fall benötigt der CSI-Verantwortliche im Unterschied zum Ser-

SLA-Verletzungen =
unzureichende
Servicequalität

vice Level Manager gegebenenfalls zusätzliche Reports und Daten zur Ursachenanalyse.

In den entsprechenden Entwicklungsphasen von IT-Services ergeben sich sehr unterschiedliche Optimierungspotenziale. Bei der Einführung eines neuen IT-Service führt eine häufigere und umfassendere Kontrolle typischerweise zu schnell realisierbaren und spürbaren Verbesserungen. Mit entsprechendem Reifegrad des Service nimmt das Potenzial zur Erzielung von substanziellen Qualitätsverbesserungen in der Regel ab. Je nach Entwicklungsstufe des IT-Service, den das CSI in den Mittelpunkt der Betrachtungen stellt, sind demnach sehr unterschiedliche Datenaufbereitungen erforderlich.

Schritt 5:
Datenanalyse und Auswertung

Ursachenermittlung für unzureichende Servicequalität

Im Rahmen der Datenanalyse gilt es, die vorliegenden Informationen zu interpretieren.

> *Auf Basis der ausgewerteten Daten zeigt sich, dass das Call-Volumen beim Service Desk über die letzten sechs Monate kontinuierlich gesunken ist.*

Das Service-Desk-Beispiel verdeutlicht, dass das CSI dazu über viel Hintergrundwissen und Erfahrungen verfügen muss und selten eindeutige Schlussfolgerungen auf der Hand liegen.

> *Die Ursachen für den Rückgang des Call-Volumens sind nicht offensichtlich. Die steigende Effizienz des Problem Managements wäre eine positive Entwicklung. Der Umstand, dass sich eine wachsende Zahl von Nutzern direkt an den 2nd Level Support wendet, weil sich der 1st Level Support als zunehmend nutzlos erweist, deutet auf eine kritische Entwicklung hin, die ein sofortiges Handeln erfordert.*

Das CSI betreibt die Datenanalyse auf Grundlage von folgenden Leitfragen:

- Gibt es eindeutige Trends?
- Gibt es positive oder negative Trends?
- Welche Kosteneinsparungen lassen sich realisieren?
- Welche Veränderungen sind erforderlich?
- Erfolgt die Leistungserbringung planmäßig?
- Werden die Service-Zielwerte erreicht?
- Welche Korrekturmaßnahmen sind erforderlich?

Welches sind die zugrunde liegenden strukturellen Ursachen?

Zu welchen zusätzlichen Kosten führen identifizierte Prozessschwächen?

Mithilfe derartiger Untersuchungen schafft das CSI Transparenz im Hinblick auf die geleistete Servicequalität. In einigen Fällen mündet dies in die Initiierung von vertiefenden Analysen, die Gewissheit über Trends und/oder Ursachen verschaffen sollen. Bei Abweichungsanalysen von Zielwerten ist stets zu hinterfragen, ob außergewöhnliche oder strukturelle Ursachen verantwortlich sind. Erstere bedürfen weiterer Beobachtung, Letztere müssen mit gezielten Maßnahmen angegangen werden.

Schritt 6:
Aufbereitung der Analyseergebnisse

Bei aller analytischen Stringenz, mit der Zielwerte kontrolliert und Trends sowie Verbesserungspotenziale identifiziert werden, ist noch kein Fortschritt erzielt, solange es nicht gelingt, Entscheider und Betroffene von der Notwendigkeit von Optimierungsanstrengungen zu überzeugen. Dies stellt hohe Anforderungen an die Art und Weise, wie CSI die gewonnenen Erkenntnisse aufbereitet und präsentiert. Nicht jeder Report wird gelesen oder spricht für sich. Ein Erfolgsrezept liegt in der adressatengerechten Aufbereitung der Informationen. Im Wesentlichen sind drei Zielgruppen zu berücksichtigen:

Adressatengerechte Aufbereitung

Serviceauftraggeber
Sie benötigen Klarheit darüber, ob die IT-Services anforderungsgerecht – nicht unbedingt vereinbarungsgemäß! – erbracht werden. Falls nicht, welche Maßnahmen der Service Provider einleitet, um die Situation zu verbessern, und wie erfolgreich diese Maßnahmen umgesetzt werden.

Führungskräfte des Service Providers
Sie benötigen Klarheit darüber, ob die IT-Services planmäßig erbracht werden, Kundenzufriedenheit erreicht wird und ob Kosten und Ertragsziele erreicht werden. Bei Abweichungen sind gegebenenfalls Veränderungen an der Aufbau- und/oder Ablauforganisation oder die Initiierung von Verbesserungsprojekten erforderlich.

Verantwortliche des technischen Managements
Sie benötigen Informationen, wie sich die Effizienz der Serviceerbringung verbessern lässt.

Serviceauftraggeber und das Management des Service Providers sind vor allem an den Ergebnissen der Analysen interessiert und weniger an deren Herleitung.

Serviceauftraggeber begrüßen Qualitätsverbesserungen immer.

Der Serviceauftraggeber steht Verbesserungen der Servicequalität generell positiv gegenüber, wenn diese aus Prozessverbesserungen des Service Providers resultieren und nicht zu Preiserhöhungen führen. Dennoch ist es für Service Provider von Vorteil, dem Kunden aufzuzeigen, welchen Wertbeitrag identifizierte Verbesserungspotenziale für seine Geschäftsprozesse liefern, beispielsweise um die Bereitschaft zur Mitwirkung zu verbessern oder die Qualitätswahrnehmung positiv zu beeinflussen.

Das Management des Service Providers ist in erster Linie für die strategische und operative Ausrichtung verantwortlich. Da IT-Organisationen in der Regel nicht über eine Ressourcenausstattung verfügen, die die Umsetzung aller Verbesserungspotenziale erlaubt, muss das Management des Service Providers dementsprechend priorisieren. Dafür sind Reports erforderlich, die die notwendigen Entscheidungsgrundlagen liefern.

Executive Summaries, die

- existierende Potenziale strategisch und weniger technisch,
- Trends und Entwicklungen in Zeitreihen,
- Soll-Ist-Vergleiche und
- notwendige Maßnahmen inklusive quantifizierter Aufwand-Nutzen-Gegenüberstellung (bei komplexen Projekten in Form eines Business Case)

übersichtlich darstellen, führen hier eher zum Ziel als die Nachvollziehbarkeit der Daten bis auf die unterste Ebene. Letztere ist vorwiegend für das technische Management von Bedeutung.

Schritt 7:
Korrekturmaßnahmen

Nur eine erfolgreiche Implementierung führt zu einer Verbesserung.

Ohne die erfolgreiche Implementierung von Korrekturmaßnahmen haben alle vorangegangenen Aktivitäten nur akademischen Wert. Daher ist es nicht übertrieben, diesen letzten Schritt als erfolgskritisch herauszustellen. Service Provider weisen in diesem Bereich ihre größten Defizite auf. Entweder werden Veränderungsprojekte mit völlig überzogener Priorität durchgezogen, weil es eine entsprechende Priorität in der Wahrnehmung des Managements gibt, oder – und dies ist in den überwiegenden Fällen das Defizit – es passiert gar nichts. Nach anfänglichen Bemühungen fallen die Mitarbeiter in ihre gewohnten Verhaltensweisen des operativen Alltags zurück.

   Führungskräfte sehen ihre Aufgabe häufig als erledigt an, wenn sie   *Stringente Kontrolle der*
sich die Entscheidung für eine notwendige Veränderung abgerungen   *Implementierungs-*
haben. Sie gehen davon aus, dass nachgelagerte Stufen diese Entschei-   *maßnahmen erforderlich*
dungen umsetzen. Dies werden die nachgelagerten Stufen allerdings
nur dann tun, wenn sie nachhaltig kontrolliert werden. Nur die Organisation von Veränderungsmaßnahmen in Form von Projekten und
deren systematische und nachhaltige Erfolgskontrolle durch das
Management stellt den Umsetzungserfolg von Korrekturmaßnahmen
sicher.

   Die Entscheidung für die Verbesserung eines IT-Service führt zum
erneuten Durchlaufen des beschriebenen IT-Service-Lebenszyklus:
Anpassung der Servicestrategie, Konzeption der notwendigen Changes
im Service Design und Implementierung durch Service Transition,
bevor die Verbesserungsmaßnahmen durch Service Operation umgesetzt werden.

6.2 Prozessbewertung

Mithilfe formaler Prozessbewertungen kann das CSI zusätzliche Erkenntnisse in Hinsicht auf Effizienz und Effektivität von IT-Services und IT-Service-Management-Prozessen gewinnen. Im Zuge von Prozessbewertungen werden ausgewählte Prozesse analysiert und an einem Referenzmodell gespiegelt.

Referenzmodelle als Blaupausen für eigene Lösungen

Referenzmodelle sind Quasi-Standards, die aus Lösungen entwickelt wurden, die sich bei anderen Unternehmen bewährt haben. Die Bedeutung und damit der Normativitätsgrad, welcher einem solchen Modell beigemessen wird, bestimmt sich durch die Akzeptanz von Fachleuten. Mit anderen Worten: Je mehr Experten das Referenzmodell als sinnvoll propagieren, desto eher ist es – im Vergleich zu den existierenden Prozessen – als mögliche Blaupause für effiziente Lösungen oder die Identifikation von Schwachstellen geeignet.

Neutrale Bewertung sicherstellen

Prozessbewertungen sollten stets in einem klar definierten und formalen Rahmen (Audit) ablaufen, der die Interessensneutralität des Bewertenden sicherstellt. Service Provider haben grundsätzlich die Möglichkeit, eine eigene (interne) Bewertung vorzunehmen oder auf externe Unterstützung (Berater) zurückzugreifen. Die eigene Bewertung ist in der Regel die kostengünstigere Variante. In diesem Fall ist jedoch auf die Neutralität des Erhebungsteams zu achten. Eine Eigenbewertung durch Prozessbetroffene oder -verantwortliche führt in der Regel nicht zu sinnvollen Ergebnissen.

Als Referenzmodelle für die Bewertung von IT-Services und IT-Service-Management-Prozessen bieten sich ISO 20000, CObIT, CMMI Maturity Model und Benchmarking an.[1]

ISO/IEC 20000

ISO 20000 setzt auf ITIL auf.

Diese ISO-Norm spezifiziert die Voraussetzungen für ein erfolgreiches IT-Service-Management. Inhaltlich setzt die Norm auf dem ITIL-Standard auf. Unternehmen können sich auf Basis der ISO-Norm zertifizieren lassen. Diese Möglichkeit stellt ITIL nicht zur Verfügung, da das Framework eine Best-Practices-Sammlung darstellt. Mitarbeiter können in ITIL geschult werden und ein entsprechendes Zertifikat erwerben. Dies sagt jedoch nichts über die Effizienz aus, mit der Unternehmen die (geschulten) Prozesse umgesetzt haben. In diesem Zusammenhang schließt der Ende 2005 eingeführte Standard ISO 20000 eine vorhandene Lücke. Die Norm setzt jedoch eine vollständige Implementierung aller ITIL-Prozesse voraus. Die Zertifizierung von einzel-

---

1. zu IT-Referenzmodellen siehe Johannsen/Goeken (2010), zu CObIT Goltsche (2006)

nen Prozessen ist nicht möglich. Daher ist es nicht verwunderlich, dass eine ISO-Zertifizierung in erster Linie für große Service Provider von Interesse ist.

CObIT

CObIT[2] ist ein internationaler Standard für Sicherheit, Qualität und Ordnungsmäßigkeit in der Informationstechnologie. CObIT steht für *Control Objectives for Information and Related Technology.* Urheber von CObIT ist der internationale Prüfverband ISACA, der Kontrollziele (Control Objectives) unter dem Gesichtspunkt der Wirtschaftsprüfung (Audits) entwickelt. Der IT Governance Standard liegt derzeit in der Version 4.1 vor und beschreibt 34 IT-Prozesse, die sich an sieben Geschäftsanforderungen orientieren: Effektivität, Effizienz, Vertraulichkeit, Integrität, Verfügbarkeit, Compliance und Verlässlichkeit. Jedem IT-Prozess sind Kontrollelemente zugeordnet. Analog zu ITIL verteilen sich die Prozesse auf vier Bereiche (Design, Build, Run, Monitor), die dem Lebenszyklus von IT-Systemen entlehnt sind.

Standard für Sicherheit, Qualität und Ordnungsmäßigkeit

CMMI

Das Capability Maturity Model Integration (CMMI) ist eigentlich ein Referenzmodell, das zur Verbesserung von Prozessen des Softwaremanagements vom Software Engineering Institute (SEI) entwickelt worden ist. Im Kern beschreibt das Modell verschiedene Stufen der Maturität bzw. Ausgereiftheit von Prozessen. Folgende Ebenen (Capability Level) werden unterschieden:

Reifegrade von Prozessen

0 – unvollständig	Es existiert kein formaler Prozess.
1 – Performed	Der Prozess erreicht seine Ziele.
2 – Managed	Der Prozess hat eine formal beschriebene Struktur, und Verantwortlichkeiten sind definiert.
3 – Defined	Der Prozess ist Bestandteil eines definierten Prozessstandards.
4 – Quantitatively Managed	Der Prozess wird durch definierte Kennzahlen gesteuert.
5 – Optimizing	Der Prozess wird in einem kontinuierlichen Verbesserungszyklus permanent optimiert.

2. CObIT © Copyright 1996–2007 by IT Governance Institute (ITGI); zu weiteren Details siehe: www.isaca.de/

Die Bewertung von Prozessen anhand dieser Fähigkeitsebenen erlaubt eine Positionsbestimmung und zeigt auf, in welchen Bereichen weitere Anstrengungen erforderlich sind.

Benchmarking

Im Rahmen von Benchmarking-Projekten vergleichen sich Unternehmen mit vergleichbaren Unternehmen ihrer Branche. Als Vergleichsbasis fungieren Kennzahlen, die auf Best-Practices-Ansätze zurückgehen sowie häufig von Marktforschungsinstituten oder Verbänden mit den Benchmarking-Teilnehmern ausgetauscht und bereitgestellt werden.

Ein Unternehmen hat bei 3.500 Nutzern täglich durchschnittlich 70 Calls im Service Desk. Der Branchen-Benchmark liegt bei 40. Die Überschreitung der Quote um 75% nimmt das CSI zum Anlass und initiiert eine Ursachenanalyse. Es wird festgestellt, dass durchschnittlich 25 Calls am Tag sich auf die Nutzung des neuen ERP-Systems beziehen, welches vor drei Monaten eingeführt würde. Ein Nachschulungskonzept wird aufgesetzt.

6.3 Institutionalisierung des CSI

Der siebenstufige Verbesserungsprozess ist in sich wieder ein Kreislauf, der permanent durchlaufen werden muss (Deming Cycle), damit eine nachhaltige Verbesserung der Servicequalität erzielt wird. Der Aspekt der Kontinuität erfordert eine entsprechende Institutionalisierung. Nur wenn für alle Beteiligten sichtbar ist, dass CSI einen Stellenwert hat, verändern sich mit der Zeit die Verhaltensweisen im Hinblick auf eine sich selbst tragende Qualitätskultur.

Ziel ist eine sich selbst tragende Qualitätskultur.

Folgende Maßnahmen zur Institutionalisierung stehen als Ankerpunkte einer CSI-Politik zur Verfügung:

- Priorität in der Wahrnehmung des Managements des Service Providers
- Benennung eines CSI-Verantwortlichen mit ausreichender Ressourcenausstattung und direkter Unterstellung (direct report) beim Leiter der IT-Organisation
- formale Definitionen und Dokumentationen sowie Kommunikation der mit CSI verbundenen Rollen und Verantwortungen
- konsistente und durchgängige Formulierung messbarer Service Level und Servicequalitätsziele und deren Überwachung
- Überwachung der Effizienz der Service-Management-Prozesse mittels definierter KPIs
- Initiierung, Implementierung und Überwachung von Verbesserungsprojekten unter Anwendung eines etablierten und formalisierten Projektmanagement-Instrumentariums (z.B. Prince 2 oder PMBOK)
- Erstellung, Verfolgung und Pflege von Action-Item-Listen mit klar definierten Aufgaben, Realisierungsterminen und Verantwortlichkeiten für wenig komplexe Korrekturmaßnahmen
- regelmäßige Reviews zur Überwachung der Implementierung der Korrekturmaßnahmen und Verbesserungsprojekte
- regelmäßiges Reporting zur Überwachung der Servicequalität und der Implementierung der Korrekturmaßnahmen

Im Idealfall fungiert CSI als Katalysator für eine Veränderung von einer reaktiven zu einer proaktiven Qualitätsorientierung für die Bereitstellung von IT-Services und die flankierenden Service-Management-Prozesse.

Abkürzungsverzeichnis

CAB	Change Advisory Board
CI	Configuration Item
CIO	Chief Information Officer
CMDB	Configuration Management Database
CMIS	Capacity Management Informationssystem
CMS	Configuration Management System
CRM	Customer Relationship Management
CSI	Contiual Service Improvement
DML	Definitive Media Library
ERP	Enterprise Resource Planning
ISM	Information Security Management
ITIL	Information Technology Infrastructure Library
ITSCM	IT Service Continuity Management
KPI	Key Performance Indicator
MTBF	Mean Time between Failure
MTBSI	Mean Time between Service Incidents
MTRS	Mean Time to Restore Service
MTTR	Mean Time to Repair
OGC	Office of Government Commerce
OLA	Operational Level Agreement
PIR	Post Implementation Review
RfC	Request for Change
RFID	Radio Frequency Identification
SACM	Service Asset und Configuration Management
SDP	Service Design Package
SIP	Service Improvement Plan

SL	Service Level
SLA	Service Level Agreement
SLM	Service Level Management
SLR	Service Level Requirement
SOX	Sarbanes-Oxley Act
TCO	Total Cost of Ownership
UC	Underpinning Contract
VBF	Vital Business Functions

Glossar[1]

Account Manager	Eine Rolle mit vielen Parallelen zum Business Relationship Manager, bei der jedoch verstärkt kommerzielle Aspekte einbezogen werden. Wird häufig bei Abläufen in Verbindung mit externen Kunden eingesetzt.
Anforderung (Requirement)	Die formale Formulierung dessen, was benötigt wird. Zum Beispiel eine Service-Level-Anforderung, eine Projektanforderung oder die Anforderung der erforderlichen Lieferergebnisse für einen Prozess. Siehe Statement of Requirements.
Applikation	Software, die die von einem IT-Service benötigten Funktionen bereitstellt. Jede Anwendung kann Teil eines oder mehrerer IT-Services sein. Eine Anwendung wird auf einem oder mehreren Servern oder Clients ausgeführt.
Application Sizing	Die Aktivität, mit der Informationen zu den Anforderungen an die Ressourcen ermittelt werden, die für die Unterstützung einer neuen Anwendung oder für die Durchführung umfassender Changes in vorhandenen Anwendungen erforderlich sind. Das Application Sizing soll dabei sicherstellen, dass der IT-Service die vereinbarten Service-Level-Ziele für die Kapazität und die Performance erreicht.
Asset	Bezeichnung für jedwede Ressource oder Fähigkeit. Die Assets eines Service Providers umfassen alle Elemente, die zur Erbringung eines Service beitragen können. Assets können folgende Typen einschließen: Management, Organisation, Prozess, Wissen, Mitarbeiter, Informationen, Anwendungen, Infrastruktur und finanzielles Kapital.
Asset Management	Das Asset Management ist derjenige Prozess, der für die Verfolgung der Werte und Besitzverhältnisse in Bezug auf finanzielle Assets sowie deren Erfassung in Berichten während ihres gesamten Lebenszyklus verantwortlich ist. Das Asset Management ist Teil des umfassenden Prozesses Service Asset and Configuration Management.

---

1. Zum Zwecke der Einheitlichkeit der Begriffsverwendung im deutschen Sprachraum wurden – bis auf wenige sprachliche Überarbeitungen – die Definitionen der Begriffe vom Arbeitskreis Publikationen des itSMF e.V. übernommen.

Audit	Formale Überprüfung und Analyse, um zu festzustellen, ob ein Standard oder ein Satz an Leitlinien eingehalten wird, ob Records korrekt sind, oder ob die Ziele in Bezug auf die gewünschte Effizienz und Effektivität erreicht wurden. Ein Audit kann von internen oder externen Gruppen durchgeführt werden.
Auswirkung	Ein Maß für die Folgen eines Incidents, Problems oder Change auf die Business-Prozesse. Die Auswirkung basiert häufig darauf, inwieweit Service Levels betroffen sind. Mithilfe der Auswirkung und der Dringlichkeit erfolgt die Zuweisung einer Priorität.
Backout	Synonym für Fehlerkorrektur
Baseline	Eine Benchmark, die als Referenzpunkt verwendet wird. *(1) Mit einer ITSM-Baseline als Ausgangspunkt können die Folgen eines Serviceverbesserungsplans gemessen werden.* *(2) Mit einer Performance Baseline können Änderungen in der Performance während der Lebensdauer eines IT-Service gemessen werden.* *(3) Mit einer Configuration Management Baseline kann eine bekannte Configuration einer IT-Infrastruktur wiederhergestellt werden, wenn ein Change oder ein Release fehlschlägt.*
Business Case	Wirtschaftlichkeitsanalyse einer Investition. Beinhaltet Informationen zu Kosten, Nutzen, Optionen, offenen Punkten, Risiken und möglichen Problemen.
Change	Hinzufügen, Modifizieren oder Entfernen eines Elements, das Auswirkungen auf die IT-Services haben könnte. Der Umfang eines Change sollte sämtliche IT-Services, Configuration Items, Prozesse, Dokumentationen etc. einschließen.
Change Advisory Board	Eine Gruppe von Personen, die den Change Manager bei der Bewertung, Festlegung von Prioritäten und zeitlichen Planungen in Bezug auf Changes beraten. Dieses Gremium setzt sich in der Regel aus Vertretern aller Bereiche des IT-Service-Providers, dem Business und den Drittparteien wie zum Beispiel Suppliern zusammen.
Configuration Item	Alle Komponenten, die verwaltet werden müssen, um einen IT-Service bereitstellen zu können. Informationen zu den einzelnen CIs werden in einem Configuration Record innerhalb des Configuration Management Systems erfasst und über den gesamten Lebenszyklus hinweg vom Configuration Management verwaltet. CIs unterstehen der Steuerung und Kontrolle des Change Managements. CIs umfassen vor allem IT-Services, Hardware, Software, Gebäude, Personen und formale Dokumentationen, beispielsweise zum Prozess und zu SLAs.
CMDB	Eine Datenbank, die verwendet wird, um Configuration Records während ihres gesamten Lebenszyklus zu speichern. Das Configuration Management System verwaltet eine oder mehrere CMDBs, und jede CMDB speichert Attribute von CIs sowie Beziehungen zu anderen CIs.

Definitive Media Library	Ein oder mehrere Standorte, an dem die endgültigen und genehmigten Versionen aller Software Configuration Items sicher gespeichert sind. Die DML kann darüber hinaus zugehörige CIs wie Lizenzen und Dokumentationen beinhalten. Die DML ist als einzelner logischer Speicherbereich definiert, auch wenn sie auf verschiedene Speicherorte aufgeteilt ist. Die gesamte Software in der DML untersteht der Steuerung des Change und Release Managements und wird im Configuration Management System erfasst. Für ein Release ist ausschließlich der Einsatz von Software aus der DML akzeptabel.
Deployment	Die Aktivität, die für den Übergang neuer oder geänderter Hardware, Software, Dokumentation, Prozesse etc. in die Live-Umgebung verantwortlich ist. Das Deployment ist Teil des Release-and-Deployment-Management-Prozesses.
Dringlichkeit	Ein Wert, der wiedergibt, wie lange es dauert, bis ein Incident, Problem oder Change maßgebliche Auswirkungen auf das Business hat. Ein Incident mit erheblichen Auswirkungen kann beispielsweise von geringer Dringlichkeit sein, falls die Auswirkungen das Business bis zum Ende des Geschäftsjahres nicht beeinträchtigen. Auf der Grundlage der Auswirkung und Dringlichkeit werden Prioritäten zugewiesen.
Early Life Support	Support für einen neuen oder geänderten IT-Service für eine bestimmte Zeitspanne nach seiner Freigabe. Während des Early Life Supports kann der IT-Service-Provider die KPIs, Service Levels und Monitoring-Grenzwerte überprüfen und zusätzliche Ressourcen für das Incident und Problem Management bereitstellen.
Event	Eine Statusänderung, die für die Verwaltung eines Configuration Item oder IT-Service von Bedeutung ist. Der Begriff »Event« bezeichnet darüber hinaus einen Alarm oder eine Benachrichtigung durch einen IT-Service, ein Configuration Item oder ein Monitoring-Tool. Bei Events müssen in der Regel die Mitarbeiter des IT-Betriebs aktiv werden. Häufig führen Events zur Erfassung von Incidents.
Fehler	Eine mangelhafte Konzeption oder eine Fehlfunktion, die zum Ausfall eines oder mehrerer Configuration Items oder IT-Services führt. Bei einem Versehen einer Person oder einem gestörten Prozess mit Auswirkungen auf ein CI oder einen IT-Service handelt es sich ebenfalls um einen Fehler.
First Level Support	Die oberste Ebene in einer Hierarchie von Support-Gruppen, die an der Lösung von Incidents beteiligt sind. Mit jeder Ebene sind mehr Know-how und Fertigkeiten von Experten vorhanden bzw. mehr Zeit oder andere Ressourcen verfügbar.
Geschäft (Business)	Eine übergeordnete Unternehmenseinheit oder Organisation, die aus einer Reihe von Geschäftsbereichen besteht. Im Kontext von ITSM umfasst der Begriff »Business« den öffentlichen Bereich und nicht gewinnorientierte Organisationen ebenso wie Unternehmen. Ein IT-Service-Provider stellt IT-Services für einen Kunden innerhalb eines Business bereit. Der IT-Service-Provider kann dabei Teil desselben Business, das die Rolle des Kunden einnimmt (interner Service Provider), oder Teil eines anderen Business sein (externer Service Provider).

Geschäfts-bereich	Ein Segment des Business mit eigenen Plänen, Messgrößen, Einnahmen und Kosten. Jeder Geschäftsbereich verfügt über Assets, die zur Wertschöpfung für den Kunden in Form von Waren und Services eingesetzt werden.
Help Desk	Eine Anlaufstelle für Anwender, um Incidents zu erfassen. Ein Help Desk ist in der Regel eher technisch orientiert als ein Service Desk und stellt keinen Single Point of Contact für die gesamte Interaktion bereit. Der Begriff »Help Desk« wird häufig auch als Synonym für Service Desk verwendet.
Identität	Ein eindeutiger Name, um einen Anwender, eine Person oder eine Rolle zu identifizieren. Die Identität wird eingesetzt, um diesem Anwender, dieser Person oder dieser Rolle bestimmte Rechte zu gewähren. Beispiele für Identitäten sind der Anwendername »SchneiderJ« oder die Rolle »Change Manager«.
Incident	Eine nicht geplante Unterbrechung eines IT-Service oder eine Qualitätsminderung eines IT-Service. Auch ein Ausfall eines Configuration Items ohne bisherige Auswirkungen auf einen Service ist ein Incident. *Ein Ausfall einer oder mehrerer Festplatten in einer gespiegelten Partition.*
Integrität	Ein Sicherheitsprinzip, das sicherstellt, dass Daten und Configuration Items nur durch autorisierte Mitarbeiter und Aktivitäten modifiziert werden. Die Integrität berücksichtigt alle möglichen Ursachen einer Modifikation, wie Ausfälle von Software oder Hardware, Umgebungs-Events und Eingriffe durch Personen.
ISO/IEC 20000	ISO-Spezifikation und Code of Practice für das IT-Service-Management. ISO/IEC 20000 ist mit ITIL Best Practice abgestimmt.
IT-Service	Ein Service, der für einen oder mehrere Kunden von einem IT-Service-Provider bereitgestellt wird. Ein IT-Service basiert auf dem Einsatz der Informationstechnologie und unterstützt die Business-Prozesse des Kunden. Ein IT-Service besteht aus einer Kombination von Personen, Prozessen und Technologien und sollte in einem Service Level Agreement definiert werden.
IT-Betrieb	Aktivitäten, die von IT Operations Control durchgeführt werden, einschließlich Konsolenmanagement, Job Scheduling, Backup und Wiederherstellung und Druck- und Ausgabemanagement. »IT-Betrieb« ist darüber hinaus ein Synonym für Service Operation (Servicebetrieb).
IT-Infra-struktur	Die Gesamtheit der Hardware, Software, Netzwerke, Anlagen etc., die für die Entwicklung, Tests, die Bereitstellung, das Monitoring, die Steuerung oder den Support von IT-Services erforderlich ist. Der Begriff »IT-Infrastruktur« umfasst die gesamte Informationstechnologie, nicht jedoch die zugehörigen Mitarbeiter, Prozesse und Dokumentationen.
IT-Kom-ponente	Ein allgemeiner Begriff für einen Teil eines komplexeren Elements. Beispielsweise kann ein Computersystem eine Komponente eines IT-Service sein, eine Anwendung eine Komponente eines Release Units. Bei Komponenten, die verwaltet werden müssen, handelt es sich um Configuration Items.

Key Performance Indicator (KPI)	Eine Messgröße, die einen Prozess, einen IT-Service oder eine Aktivität unterstützen soll. Es können Messungen anhand von zahlreichen Messgrößen erfolgen; es werden jedoch nur die wichtigsten dieser Größen als KPIs definiert und für eine aktive Verwaltung und Berichterstellung in Bezug auf den Prozess, den IT-Service oder die Aktivität eingesetzt. Bei der Auswahl der KPIs sollte die Sicherstellung von Effizienz, Effektivität und Wirtschaftlichkeit berücksichtigt werden.
Klassifizierung	Zuordnung einer Kategorie zu einem Element. Die Klassifizierung soll eine konsistente Verwaltung und Berichterstellung sicherstellen. CIs, Incidents, Probleme, Changes etc. werden in der Regel klassifiziert.
Known Error	Ein Problem, für das die zugrunde liegende Ursache und ein Workaround dokumentiert wurden. Das Problem Management ist verantwortlich für die Erstellung und Verwaltung von bekannten Fehlern während ihres gesamten Lebenszyklus. Bekannte Fehler können auch von der Entwicklung oder den Suppliern identifiziert werden.
Kunde	Person, die Waren oder Services erwirbt. Der Kunde eines IT-Service-Providers ist die Person oder Gruppe, mit der die Service-Level-Ziele definiert und vereinbart werden.
Last Level Support	Die letzte Ebene in einer Hierarchie von Support-Gruppen, die mit der Lösung von Incidents und der Untersuchung von Problemen befasst sind. Dabei handelt es sich typischerweise um den Entwickler oder Hersteller einer Komponente.
Notfall-Change	Ein Change, der so bald wie möglich eingeführt werden muss, beispielsweise um einen Major Incident zu lösen oder ein Sicherheits-Patch zu installieren. Der Change-Management-Prozess bietet in der Regel ein bestimmtes Verfahren für die Behandlung von Notfall-Changes an.
Nutzer (User)	Eine Person, die einen IT-Service im Rahmen ihrer täglichen Aufgaben einsetzt. Anwender sind von Kunden zu unterscheiden, da manche Kunden die IT-Services nicht unmittelbar nutzen.
Operational Level Agreement (OLA)	Vereinbarung zwischen einem IT-Service-Provider und einem anderen Teil derselben Organisation. Ein OLA unterstützt die Bereitstellung von IT-Services durch den IT-Service-Provider für den Kunden. Das OLA definiert die zu liefernden Waren oder Services und die Verantwortlichkeiten der beiden Parteien. Ein OLA könnte beispielsweise bestehen zwischen: *(1) dem IT-Service-Provider und einer Einkaufsabteilung, um Hardware innerhalb vereinbarter Zeitspannen zu erhalten.* *(2) dem Service Desk und einer Support-Gruppe, um eine Incident-Lösung innerhalb der vereinbarten Zeit zu erreichen.*
Prozess	Ein strukturierter Satz an Aktivitäten, mit deren Hilfe ein bestimmtes Ziel erreicht werden soll. Ein Prozess wandelt einen oder mehrere definierte Inputs in definierte Outputs um. Ein Prozess kann beliebige Rollen, Verantwortlichkeiten, Hilfsmittel und Steuerungen für das Management enthalten, die für eine zuverlässige Bereitstellung der Outputs erforderlich sind. Ein Prozess kann den Anforderungen entsprechend Richtlinien, Standards, Leitlinien, Aktivitäten und Arbeitsanweisungen definieren.

Prozess-Manager	Eine Rolle, die für das operative Management eines Prozesses verantwortlich ist. Zu den Verantwortlichkeiten des Prozess-Managers gehören die Planung und die Koordination aller Aktivitäten, die zur Ausführung, dem Monitoring und der Berichtserstellung in Bezug auf einen Prozess erforderlich sind. Es können mehrere Prozess-Manager für einen Prozess vorhanden sein, z.B. regionale Change-Manager oder IT-Service-Continuity-Manager für jedes Rechenzentrum. Die Rolle des Prozess-Managers wird häufig derjenigen Person zugewiesen, die bereits die Rolle des Process Owners innehat. In größeren Organisationen können diese Rollen jedoch separat zugewiesen sein.
Qualität	Die Fähigkeit eines Produkts, Service oder Prozesses, die gewünschte Wertschöpfung zu generieren. Eine Hardwarekomponente kann beispielsweise von hoher Qualität sein, wenn sie wie erwartet funktioniert und die erforderliche Zuverlässigkeit bietet. Zur Sicherung der Qualität eines Prozesses müssen dessen Effektivität und Effizienz überwacht und gegebenenfalls verbessert werden können.
Rechte	Die Berechtigungen oder Befugnisse, die einem Anwender oder einer Rolle gewährt werden. Beispielsweise die Berechtigung zum Modifizieren bestimmter Daten oder zur Autorisierung eines Change.
Release	Eine Zusammenstellung von Hardware, Software, Dokumentationen, Prozessen oder anderen Komponenten, die für die Implementierung eines oder mehrerer genehmigter Changes an IT-Services erforderlich sind. Die Inhalte jedes Release werden als eine Einheit verwaltet, getestet und implementiert.
RfC	Der formale Antrag zur Durchführung eines Change. Ein RfC beinhaltet Details zum beantragten Change und kann auf Papier oder elektronisch erfasst werden. Der Begriff »RfC« wird häufig fälschlicherweise für einen Change Record oder den Change selbst verwendet.
Rolle	Ein Satz von Verantwortlichkeiten, Aktivitäten und Kompetenzen, die einer Person oder einem Team zugewiesen sind. Eine Rolle wird in einem Prozess definiert. Einer Person oder einem Team können mehrere Rollen zugewiesen sein. Die Rolle des Configuration-Managers und des Change-Managers können beispielsweise von ein und derselben Person wahrgenommen werden.
Rollout	Synonym für Deployment. Bezeichnet häufig komplexe oder schrittweise durchgeführte Deployments bzw. Deployments an mehreren Standorten.
Second Level Support	Die zweite Ebene in einer Hierarchie von Support-Gruppen, die mit der Lösung von Incidents und der Untersuchung von Problemen befasst sind. Mit jeder Ebene sind mehr Know-how und Fertigkeiten von Experten bzw. mehr Zeit oder weitere Ressourcen verfügbar.
Service Design Package	Dokumente, in denen alle Aspekte eines IT-Service einschließlich dessen Anforderungen für jede Phase des Lebenszyklus des IT-Service definiert sind. Ein Service Design Package wird für neue IT-Services, umfassende Changes und die Außerkraftsetzung von IT-Services erstellt.

Service Level	Messbare und nachweisbare Ergebnisse, die im Hinblick auf ein oder mehrere Service-Level-Ziele erreicht werden. Der Begriff »Service Level« wird im Sprachgebrauch auch als Synonym für Service-Level-Ziel verwendet.
Service Level Agreement	Vereinbarung zwischen einem IT-Service-Provider und einem Kunden. Das SLA beschreibt den jeweiligen IT-Service, dokumentiert Service-Level-Ziele und legt die Verantwortlichkeiten des IT-Service-Providers und des Kunden fest. Ein einzelnes SLA kann mehrere IT-Services oder mehrere Kunden abdecken.
Service Level Requirement	Kundenanforderung für einen Aspekt eines IT-Service. SLRs basieren auf Business-Zielen und werden zur Aushandlung vereinbarter Service-Level-Ziele eingesetzt.
Service Manager	Ein Manager, der für das Management des gesamten Lebenszyklus von einem oder mehreren IT-Services verantwortlich ist. Zudem wird der Begriff »Service Manager« für alle Manager verwendet, die im Bereich des IT-Service-Providers beschäftigt sind. Am häufigsten wird der Begriff für Business-Relationship-Manager, Prozess-Manager, Account-Manager oder leitende Manager verwendet, die allgemein für IT-Services verantwortlich sind.
Service Request	Eine Anfrage eines Anwenders nach Informationen, Beratung, einem Standard-Change oder nach Zugriff auf einen IT-Service. Dabei kann es sich beispielsweise um das Zurücksetzen eines Passwortes oder das Bereitstellen standardmäßiger IT-Services für einen neuen Anwender handeln. Service Requests werden in der Regel von einem Service Desk bearbeitet und erfordern üblicherweise nicht die Einreichung eines RfC.
Service-katalog	Eine Datenbank oder ein strukturiertes Dokument mit Informationen zu allen produktiven IT-Services, einschließlich der Services, die für das Deployment verfügbar sind. Der Servicekatalog ist der einzige Bestandteil des Serviceportfolios, der an die Kunden ausgehändigt wird. Er unterstützt den Vertrieb und die Bereitstellung von IT-Services. Der Servicekatalog enthält Angaben zu Lieferergebnissen, Preisen, Bestellungen und Anfragen sowie Kontaktinformationen.
Service Pipeline	Eine Datenbank oder ein strukturiertes Dokument, in dem alle IT-Services aufgelistet sind, die zur Diskussion stehen oder sich in der Entwicklung befinden und noch nicht für den Kunden verfügbar sind. Die Service Pipeline bietet einen Überblick über mögliche zukünftige IT-Services und ist Teil des Serviceportfolios, das in der Regel nicht an die Kunden weitergegeben wird.
Service-portfolio	Die Gesamtheit aller Services, die von einem Service Provider verwaltet werden. Das Serviceportfolio wird für das Management des gesamten Lebenszyklus aller Services genutzt. Es umfasst drei Kategorien: Service Pipeline (beantragt oder in der Entwicklung), Servicekatalog (live oder bereit zum Deployment) und außer Kraft gesetzte Services.
Servicevertrag	Ein Vertrag über die Erbringung eines oder mehrerer IT-Services. Der Begriff »Servicevertrag« wird für jegliche Vereinbarungen über die Bereitstellung von IT-Services verwendet, ganz gleich ob es sich dabei um einen rechtsgültigen Vertrag oder ein SLA handelt.

Standard-Change	Ein vorab genehmigter Change, der von geringem Risiko ist, relativ häufig eingesetzt wird und einem bestimmten Verfahren oder einer Arbeitsanweisung folgt. Zum Beispiel das Zurücksetzen eines Passwortes oder das Bereitstellen der Grundausstattung für einen neuen Mitarbeiter. Für die Implementierung von Standard-Changes sind keine RfCs erforderlich. Sie werden über andere Mechanismen erfasst und verfolgt, wie z.B. über einen Service Request.
technisches Management	Die Funktion, die für die Bereitstellung von technischem Fachwissen zur Unterstützung von IT-Services und für das Management der IT-Infrastruktur verantwortlich ist. Das Technical Management definiert die Rollen von Support-Gruppen sowie die erforderlichen Tools, Prozesse und Verfahren.
Underpinning Contract (UC)	Ein Vertrag zwischen einem IT-Service-Provider und einer Drittpartei. Die Drittpartei stellt Waren oder Services zur Verfügung, die die Bereitstellung eines IT-Service für einen Kunden unterstützen. Der Underpinning Contract definiert Ziele und Verantwortlichkeiten, um die in einem SLA vereinbarten Service-Level-Ziele zu erreichen.
Vital Business Function (VBF)	Eine Funktion eines Geschäftsprozesses, die für den Erfolg des Business entscheidend ist. Vital Business Functions sind wichtige Faktoren, die beim Business Continuity Management, IT Service Continuity Management und Availability Management berücksichtigt werden müssen.
Workaround	Die Reduzierung oder Beseitigung der Auswirkungen von Incidents oder Problemen, für die noch keine vollständige Lösung verfügbar ist, z.B. durch den Neustart eines ausgefallenen Configuration Items. Workarounds für Probleme werden in Known Error Records dokumentiert. Workarounds für Incidents, die nicht über zugeordnete Problem Records verfügen, werden in Incident Records dokumentiert.

Literaturverzeichnis

Beulen, E. et al. (2006): Managing IT-Outsourcing. Taylor & Francis (ISBN 978 0415365994).

Buchta, D. et al. (2005): Strategisches IT-Management. Gabler, Wiesbaden (ISBN 978 3834900074).

Bundesamt für Sicherheit in der Informationstechnik (2006): IT-Sicherheitsmanagement und IT-Grundschutz. BSI-Standards zur IT-Sicherheit. Bundesanzeiger (ISBN 978 3898175470).

Brunnstein, J. (2006): ITIL Security Management realisieren. Vieweg, Wiesbaden (ISBN 978 3834801654).

Dierlamm, J. (2007): Neues – und Offizielles – über die ITIL Version 3. *it-Service-Management*, Heft 3, April 2007, S. 3–9.

Gadatsch, A. (2005): IT-Controlling realisieren. Vieweg, Wiesbaden (ISBN 978 3 52805 926 2).

Gilbert, P. et al. (2006): Wissen managen: Wie Unternehmen ihre wertvollste Ressource optimal nutzen. Gabler, Wiesbaden, 5. Auflage (ISBN 978 3834901170).

Goltsche, W. (2006): COBIT kompakt und verständlich. Vieweg, Wiesbaden (ISBN 978 3834801418).

Hodel, M. et al. (2006): Outsourcing realisieren. Vieweg, Wiesbaden (ISBN 978 3834801142).

Hofmann, J., Schmidt, W. (Hrsg.)(2010): Masterkurs IT-Management. Vieweg+Teubner, Wiesbaden, 2. Auflage (ISBN 978-3528058814)

Huppertz, P.G. (2006): IT Service – Der Kern des Ganzen, in Serview (Hrsg.): IT Service Management Advanced Pocket Book; Band 6, Serview GmbH, Bad Homburg (ISBN 978 3981097726).

Johannsen, W., Goeken, M. (2010): Referenzmodelle für IT-Governance. 2., akt. Aufl., dpunkt.verlag, Heidelberg (ISBN 978 3898646161).

Köhler, P.T. (2007): ITIL. Springer, Berlin et al. (ISBN 978 3540379508).

Krcmar, H. (2005): Informationsmanagement. Springer, Berlin et al.
(ISBN 978 3540230151).

Lienemann, G. (2006): ITIL – Change Management. Heise, Hannover
(ISBN 978 3936931150).

Mörike, M., Teufel, S. (2006): Kosten und Nutzen von IT-Sicherheit.
dpunkt.verlag, Heidelberg. (ISBN 978 3898643801).

OGC (2007): Service Strategy. TSO, London (ISBN 978 0113310456).

OGC (2007): Service Design. TSO, London (ISBN 978 0113310470).

OGC (2007): Service Transition. TSO, London (ISBN 978 0113310487).

OGC (2007): Service Operation. TSO, London (ISBN 978 0113310463).

OGC (2007): Continual Service Improvement. TSO, London
(ISBN 978 0113310494).

Pietsch, T. et al. (2004): Strategisches Informationsmanagement.
Erich Schmidt Verlag, Berlin (ISBN 978 3503060863).

Pohlmann, N., Blumberg, H. (2006): IT-Sicherheitsleitfaden. Mitp-Verlag,
2. Auflage (ISBN 978 3826616358).

Saleck T. (2005): Chefsache IT-Kosten. Vieweg, Wiesbaden
(ISBN 978 3834800763).

Van Bon et al. (Hrsg.) (2006): Foundations in IT Service Management
basierend auf ITIL.Van Haren Publishing (ISBN 978 077212396).

Viktor, F., Günther, H. (2006): Optimiertes IT-Management mit ITIL. Vieweg,
Wiesbaden (ISBN 978 3528158941).

Vogt, W. et al. (2000): Nutzen ohne Frust: IT Services kundenorientiert planen
und steuern. Perseo Consult AG, Basel (ISBN 3 9521449 1 6).

Wilke, H. (2001): Systemisches Wissensmanagement. UTB, Stuttgart
(ISBN 978 3825220471).

Index